जयप्रकाश नारायण

जयप्रकाश नारायण

कुँवर भुवनेश्वर प्रताप साही

RATHORE

First published in India in 2020 by
Rathore Publishers & Distributors

ISBN: 978-93-867205-6-6

Rathore Publishers & Distributors
Basement-260, Shaktikand-III,
Indirapuram, Ghaziabad, U.P.-201010
Mobile: 09958828738

E-mail: rathorepublishers@gmail.com

Printed and Bound in
Delhi

₹ 545/-

प्रस्तावना

जयप्रकाश नारायण भारतीय स्वतंत्रता सेनानी और राजनेता थे। उन्हें 1970 में इंदिरा गांधी के विरुद्ध विपक्ष का नेतृत्व करने के लिए जाना जाता है। वे समाज-सेवक थे, जिन्हें लोकनायक के नाम से भी जाना जाता है। 1998 में उन्हें भारत रत्न से सम्मानित किया गया।

स्वतंत्रता संग्राम में जयप्रकाश नारायण के योगदानों के बारे में जितना कहा जाए वह कम है। वह विलक्षण प्रतिभा के धनी थे। भारत लौटने पर उन्होंने उस वक्त स्वतंत्रता संग्राम में कूदने का फैसला कर लिया, जब उन्होंने पटना में मौलाना अबुल कलाम आजाद की यह लाइन सुनी, जिसमें उन्होंने कहा था–"नौजवानों अंग्रेजी शिक्षा का त्याग करो और मैदान में आकर ब्रिटिश हुकूमत की ढहती दीवारों को धराशाही करो और ऐसे हिन्दुस्तान का निर्माण करो जो सारे आलम में खुशबू पैदा करे।" इस वाक्य को सुनकर जे.पी. के मन में हलचल मच गई और वह आंदोलन में कूद पड़े। 1929 में वह कांग्रेस पार्टी में शामिल हो गए।

देश में आजादी की लड़ाई से लेकर वर्ष 1977 तक तमाम आंदोलनों की मशाल थामने वाले जे.पी. यानी जयप्रकाश नारायण का नाम देश के ऐसे शख्स के रूप में उभरता है जिन्होंने अपने विचारों, दर्शन तथा व्यक्तित्व से देश की दिशा तय की थी। उनका नाम लेते ही एक साथ उनके बारे में लोगों के मन में कई छवियां उभरती हैं। लोकनायक के शब्द को असलियत में चरितार्थ करने वाले जयप्रकाश नारायण अत्यंत समर्पित जननायक और मानवतावादी चिंतक तो थे ही इसके साथ-साथ उनकी छवि अत्यन्त शालीन और मर्यादित सार्वजनिक जीवन जीने वाले व्यक्ति की भी है। उनका समाजवाद का नारा आज भी हर तरफ गूंज रहा है।

जयप्रकाश नारायण के अनुसार राजनीतिक दल शक्ति की राजनीति करते हैं तथा चुनाव में भ्रष्टाचार तथा अनैतिक साधनों के प्रयोग को बढ़ावा देते हैं। इससे राजनीति दूषित हो गयी है तथा स्वार्थी राजनीतिज्ञों का जमाबड़ा बनकर रह गयी है। राजनीतिक दल लोगों में मतभेद पैदा करके वोट प्राप्त करने का

प्रयास करते हैं। अतः दलीय व्यवस्था के इन दोषों से बचने के लिये जयप्रकाश नारायण ने 'दलविहीन प्रजातंत्र' का विचार सामने रखा। दलविहीन प्रजातंत्र में जनता तथा सरकार के बीच सीधा सम्पर्क होगा।

—लेखक

अनुक्रम

1

जयप्रकाश नारायण

जयप्रकाश नारायण भारतीय स्वतंत्रता सेनानी और राजनेता थे। उन्हें 1970 में इंदिरा गांधी के विरुद्ध विपक्ष का नेतृत्व करने के लिए जाना जाता है। वे समाज-सेवक थे, जिन्हें लोकनायक के नाम से भी जाना जाता है। 1998 में उन्हें भारत रत्न से सम्मानित किया गया। लोकनायक के नाम से विख्यात जयप्रकाश नारायण का जन्म बिहार के सिताब दीयारा नामक गांव में मध्यवर्गीय कायस्थ परिवार में 11 अक्तूबर, 1902 को हुआ था। वे बाबू हरसूदयाल की चौथी संतान थे। उनकी प्रारम्भिक शिक्षा गांव के ही प्राइमरी स्कूल में हुई। इसके पश्चात् वे आगे की पढ़ाई के लिये पटना आ गए। पटना से उन्होंने हाई स्कूल किया। जिस वर्ष वे इन्टरमीडिएट में थे, उसी वर्ष गाँधीजी ने 'असहयोग आन्दोलन' की घोषणा की। गाँधीजी के आह्वान पर जयप्रकाश नारायण ने पढ़ाई छोड़कर आन्दोलन में हिस्सा लिया। इसी समय प्रभादेवी के साथ वे विवाह-बन्धन में बंध गए। उनके श्वसुर बाबू ब्रजकिशोर बिहार के प्रतिष्ठित काँग्रेसी नेता थे। अतः नवयुवक जयप्रकाश को छात्र जीवन में ही देश के राष्ट्रीय नेताओं के साथ सम्पर्क में आने का अवसर मिला। वे तिलक के निर्भयता के संदेश से प्रभावित थे।

जे. पी. का गांव

जे. पी. के गांव सिताब दीयरा है। यह बहुत बड़ा गांव है, शायद 27 टोलों का। जे. पी. ने चंबल में डकैतों से समर्पण करवाया, लेकिन उनका खुद का इलाका हमेशा से चोरों-लुटेरों से परेशान रहा है।

जे. पी. का घर, दालान, उनका अपना कमरा, उनकी वह चारपाई जो शादी के समय उन्हें मिली थी, उनकी चप्पलें, कुछ कपड़े, वह ड्रेसिंग टेबल जहां वे दाड़ी बनाया करते थे, सबकुछ ठीक से रखा गया है, जिन्हें देखा और कुछ महसूस किया जा सकता है। उनके घर की बाईं ओर शानदार स्मारक है। जहां उनसे जुड़े पत्र, फोटोग्राफ इत्यादि संजोए गए हैं।

शिक्षा

पटना में अपने विद्यार्थी जीवन में जयप्रकाश नारायण ने स्वतंत्रता संग्राम मे हिस्सा लिया। जयप्रकाश नारायण बिहार विधापीठ में शामिल हो गए, जिसे

युवा प्रतिभाशाली युवाओं को प्रेरित करने के लिए डॉ. राजेन्द्र प्रसाद और सुप्रसिद्ध गांधीवादी डॉ. अनुग्रह नारायण सिंह, जो गांधी जी के एक निकट सहयोगी रहे और बाद में बिहार के पहले उप मुख्यमंत्री सह वित्त मंत्री रह चुके है द्वारा स्थापित किया गया था। वे 1922 में उच्च शिक्षा के लिए अमेरिका गए, जहाँ उन्होंने 1922-1929 के बीच कैलिफोर्निया विश्वविधालय-बरकली, विसकांसन विश्वविधालय में समाज-शास्त्र का अध्ययन किया। महंगी पढ़ाई के खर्चों को वहन करने के लिए उन्होंने खेतों, कंपनियों, रेस्टोरेन्टों में काम किया। वे मार्क्स के समाजवाद से प्रभावित हुए। उन्होंने एम.ए. की डिग्री हासिल की। उनकी माताजी की तबियत ठीक न होने की वजह से वे भारत वापस आ गए और पी. एच.डी पूरी न कर सके।

जीवन

उनका विवाह बिहार के मशहूर गांधीवादी बृज किशोर प्रसाद की पुत्री प्रभावती के साथ अक्टूबर 1902 में हुआ। प्रभावती विवाह के उपरांत कस्तूरबा गांधी के साथ गांधी आश्रम में रहीं। 1929 में जयप्रकाश नारायण अमेरिका से लौटे, भारतीय स्वतंत्रता संग्राम तेजी पर था। उनका संपर्क गांधी जी के साथ काम कर रहे जवाहर लाल नेहरू से हुआ। वे भारतीय स्वतंत्रता संग्राम का हिस्सा बने। 1932 में गांधी, नेहरू और अन्य महत्वपूर्ण कांग्रेसी नेताओं के जेल जाने के बाद, उन्होंने भारत में अलग-अलग हिस्सों में संग्राम का नेतृत्व किया। अन्ततः उन्हें भी मद्रास में सितंबर 1932 में गिरफ्तार कर लिया गया और नासिक के जेल में भेज दिया गया। यहाँ उनकी मुलाकात एम. आर. मासानी, अच्युत पटवर्धन, एन. सी. गोरे, अशोक मेहता, एम. एच. दांतवाला, चार्ल्स मास्कारेन्हास और सी. के. नारायणस्वामी जैसे उत्साही कांग्रेसी नेताओं से हुई। जेल में इनके द्वारा की गई चर्चाओं ने कांग्रेस सोसलिस्ट पार्टी (सी.एस.पी) को जन्म दिया। सी.एस.पी समाजवाद में विश्वास रखती थी। जब कांग्रेस ने 1934 में चुनाव में हिस्सा लेने का फैसला किया तो जे. पी. और सी.एस. पी ने इसका विरोध किया।

सन् 1939 में उन्होंने द्वितीय विश्वयुद्ध के दौरान, अंग्रेज सरकार के खिलाफ लोक आंदोलन का नेतृत्व किया। उन्होंने सरकार को किराया और राजस्व रोकने के अभियान चलाए। टाटा स्टील कंपनी में हड़ताल करा के यह प्रयास किया कि अंग्रेजों को इस्पात न पहुंचे। उन्हें गिरफ्तार कर लिया गया और 9 महीने की कैद की सजा सुनाई गई। जेल से छूटने के बाद उन्होंने गांधी और सुभाष चंद्र बोस के बीच सुलह

का प्रयास किया। उन्हे बंदी बना कर मुंबई की आर्थर जेल और दिल्ली की कैंप जेल में रखा गया। 1942 में भारत छोडो आंदोलन के दौरान वे आर्थर जेल से फरार हो गए।

उन्होंने स्वतंत्रता संग्राम के दौरान हथियारों के उपयोग को सही समझा। उन्होंने नेपाल जा कर आजाद दस्ते का गठन किया और उसे प्रशिक्षण दिया। उन्हें एक बार फिर पंजाब में चलती ट्रेन में सितंबर 1943 में गिरफ्तार कर लिया गया। 16 महीने बाद जनवरी 1945 में उन्हें आगरा जेल मे स्थांतरित कर दिया गया। इसके उपरांत गांधी जी ने यह साफ कर दिया था कि डॉ. लोहिया और जे. पी. की रिहाई के बिना अंग्रेज सरकार से कोई समझौता नामुमकिन है। दोनों को अप्रैल 1946 को आजाद कर दिया गया।

1948 में उन्होंने कांग्रेस के समाजवादी दल का नेतृत्व किया और बाद में गांधीवादी दल के साथ मिल कर समाजवादी सोशलिस्ट पार्टी की स्थापना की। 19 अप्रैल, 1954 में गया, बिहार में उन्होंने विनोबा भावे के सर्वोदय आंदोलन के लिए जीवन समर्पित करने की घोषणा की। 1957 में उन्होंने लोकनीति के पक्ष में राजनीति छोड़ने का निर्णय लिया।

1960 के दशक के अंतिम भाग में वे राजनीति में पुनः सक्रिय रहे। 1974 में किसानों के बिहार आंदोलन में उन्होंने तत्कालीन राज्य सरकार से इस्तीफे की मांग की।

वे इंदिरा गांधी की प्रशासनिक नीतियों के विरुद्ध थे। गिरते स्वास्थ्य के बावजूद उन्होंने बिहार में सरकारी भ्रष्टाचार के खिलाफ आंदोलन किया। उनके नेतृत्व में पीपुल्स फ्रंट ने गुजरात राज्य का चुनाव जीता। 1975 में इंदिरा गांधी ने आपातकाल की घोषणा की जिसके अंतर्गत जे. पी. सहित 600 से भी अधिक विरोधी नेताओं को बंदी बनाया गया और प्रेस पर सेंसरशिप लगा दी गई। जेल मे जे. पी. की तबीयत और भी खराब हुई। 7 महीने बाद उनको मुक्त कर दिया गया। 1977 में जे. पी. के प्रयासों से एकजुट विरोध पक्ष ने इंदिरा गांधी को चुनाव में हरा दिया।

स्वतंत्रता संग्राम और जयप्रकाश

स्वतंत्रता संग्राम में जयप्रकाश नारायण के योगदानों के बारे में जितना कहा जाए वह कम है। वह विलक्षण प्रतिभा के धनी थे।

भारत लौटने पर उन्होंने उस वक्त स्वतंत्रता संग्राम में कूदने का फैसला कर लिया, जब उन्होंने पटना में मौलाना अबुल कलाम आजाद की यह लाइन सुनी,

जिसमें उन्होंने कहा था - नौजवानों अंग्रेजी शिक्षा का त्याग करो और मैदान में आकर ब्रिटिश हुकूमत की ढहती दीवारों को धराशाही करो और ऐसे हिन्दुस्तान का निर्माण करो जो सारे आलम में खुशबू पैदा करें। इस वाक्य को सुनकर जे. पी. के मन में हलचल मच गई और वह आंदोलन में कूद पड़े। 1929 में वह कांग्रेस पार्टी में शामिल हो गए।

बाद में जब कांग्रेस सोशलिस्ट पार्टी का गठन हुआ तो उन्हें उसमें शामिल कर लिया गया और उन्हें पार्टी का महासचिव बनाया गया। बाद के दिनों में कई बार वह जेल भी गए और लाठियां भी खाईं। गांधी जी के 'करो या मरो' के नारे को उन्होंने हमेशा याद रखा। इन्हीं लोगों के अथक प्रयास के बाद 15 अगस्त, 1947 को हम आजाद हो गए। लेकिन जयप्रकाश जी की मुख्य भूमिका इसके बाद शुरू होती है।

स्वाधीनता आन्दोलन में हिस्सेदारी

अमेरिका से शिक्षा समाप्त करने के बाद 1930 में जयप्रकाश नारायण भारत लौटे तथा स्वाधीनता आन्दोलन में सक्रिय हो गए। इसी समय वे जवाहरलाल नेहरू के सम्पर्क में आये। 1932 में सविनय अवज्ञा आन्दोलन में भाग लेने के कारण उन्हें जेल हुई। 1934 में जेल से रिहा होने पर उन्होंने अशोक मेहता, अच्युत पटवर्धन, आचार्य नरेन्द्रदेव, युसूफ मेहरअली, मीनू मसानी तथा डॉ. राममनोहर लोहिया आदि के साथ मिलकर 'काँग्रेस समाजवादी दल' की नींव डाली। 'काँग्रेस समाजवादी दल' काँग्रेय संगठन का ही एक हिस्सा था तथा इसमें अधिकांश ऐसे नवयुवक थे जो समाजवाद में आस्था रखते थे तथा काँग्रेस नीतियों को समाजवाद की दिशा में मोड़ना चाहते थे।

स्वाधीनता सैनिक के रूप में जयप्रकाश नारायण ने 1942 के भारत छोड़ो आन्दोलन में हिस्सा लिया तथा हजारीबाग सैन्ट्रल जेल से दीवार फांदकर बाहर निकल गए तथा भूमिगत रहते हुए आन्दोलन को संगठित किया। परन्तु शीघ्र ही गिरफ्तार करके पुनः हजारीबाग (बिहार) जेल में ही रखे गए। जयप्रकाश 1942 के भारत छोड़ो आन्दोलन के हीरो थे। सन् 1946 में उन्हें गाँधीजी के साथ जेल से रिहा किया गया। गाँधीजी ने बाहर आकर काँग्रेस कार्यकारिणी के सामने जयप्रकाश नारायण को काँग्रेस अध्यक्ष बनाने का प्रस्ताव रखा। परन्तु काँग्रेस कार्यकारिणी ने इस प्रस्ताव को अस्वीकार कर दिया। इसी समय जयप्रकाश नारायण ने 'कैबिनेट मिशन' का विरोध किया। उन्होंने कहा कि यदि ब्रिटिश सरकार यदि 'भारतीय

संविधान सभा' द्वारा तैयार किये गये संविधान को स्वीकार नहीं करती तो जनता में विद्रोह हो जायेगा। उन्होंने संविधान सभा की सदस्यता भी स्वीकार नहीं की, क्योंकि उनका विचार था कि संविधान सभा सही अर्थों में भारतीय जनता का प्रतिनिधित्व नहीं करती थी।

काँग्रेस से त्यागपत्र तथा समाजवादी दल का गठन

1948 में काँग्रेस कार्यकारिणी ने यह प्रस्ताव पास किया कि किसी अन्य दल का सदस्य काँग्रेस की सदस्यता ग्रहण नहीं कर सकता। जयप्रकाश नारायण तथा उनके अन्य समाजवादी सहयोगियों ने काँग्रेस कार्यकारिणी की इस घोषणा के बाद काँग्रेस से सम्बन्ध विच्छेद करके पृथक 'समाजवादी दल' की स्थापना की। जयप्रकाश तथा डॉ. राममनोहर लोहिया ने 1948 से 1951 तक समाजवादी दल को मजबूत बनाने के प्रयास किये। उन्होंने देशभर का दौरा किया तथा समाजवाद के सिद्धान्तों तथा लक्ष्यों को आम जनता के सामने रखा। 1952 के आम चुनावों मे समाजवादी दल ने पृथक राजनीतिक दल के रूप में भाग लिया परन्तु इसे आशानुकूल सफलता नहीं मिली। 1952 में समाजवादी दल तथा किसान मजदूर प्रजा पार्टी के विलय के पश्चात् प्रजा समाजवादी दल नामक नए राजनीतिक दल का उदय हुआ। 1954 में जयप्रकाश नारायण ने प्रजा समाजवादी दल की राष्ट्रीय कार्यकारिणी से त्यागपत्र देकर राजनीति से पूर्णतः सम्बन्ध विच्छेद कर लिये।

आजादी के बाद जयप्रकाश

भारत के स्वतंत्र होने के बाद 19 अप्रैल, 1954 में गया, बिहार में उन्होंने विनोबा भावे के सर्वोदय आंदोलन के लिए जीवन समर्पित करने की घोषणा की और 1957 में उन्होंने लोकनीति के पक्ष में राजनीति छोड़ने का फैसला किया। लेकिन 1960 के दशक के अंतिम भाग में वह राजनीति में फिर से सक्रिय हो गए।

बाद के दिनों में भारतीय राजनीति में फिर से उनकी दमदार वापसी हुई और संपूर्ण क्रांति के नारे के साथ वह पूरे राजनीतिक पटल पर छा गए।

संपूर्ण क्रांति- सिंहासन खाली करो कि जनता आती है। 5 जून, 1975 की विशाल सभा में जे. पी. ने पहली बार 'सम्पूर्ण क्रांति' के दो शब्दों का उच्चारण किया था। यह क्रांति उन्होंने बिहार और भारत में फैले भ्रष्टाचार की वजह से शुरू की।

लेकिन बिहार में लगी चिंगारी कब पूरे भारत में फैल गई पता ही नहीं चला। बिहार से उठी सम्पूर्ण क्रांति की चिंगारी देश के कोने-कोने में आग बनकर भड़क उठी। इस दिन अपने प्रसिद्ध भाषण में जयप्रकाश ने कहा था कि भ्रष्टाचार मिटाना, बेरोजगारी दूर करना, शिक्षा में क्रांति लाना आदि ऐसी चीजें हैं जो आज की व्यवस्था से पूरी नहीं हो सकती। क्योंकि वह इस व्यवस्था की ही उपज हैं। वह तभी पूरी हो सकती है जब सम्पूर्ण व्यवस्था बदल दी जाए और सम्पूर्ण व्यवस्था के परिवर्तन के लिए क्रांति यानी सम्पूर्ण क्रांति आवश्यक है। उस समय इंदिरा गांधी देश की प्रधानमंत्री थीं। जयप्रकाश जी की निगाह में प्रधानमंत्री इंदिरा गांधी की सरकार भ्रष्ट व अलोकतांत्रिक होती जा रही थी। 1975 में निचली अदालत में इंदिरा गांधी पर चुनावों में भ्रष्टाचार का आरोप साबित हो गया और जयप्रकाश ने उनके इस्तीफे की मांग की।

उनका साफ कहना था कि इंदिरा सरकार को गिरना ही होगा। तब इंदिरा गांधी ने राष्ट्रीय आपातकाल की घोषणा कर दी और जे. पी. तथा अन्य विपक्षी नेताओं को गिरफ्तार कर लिया। तब दिल्ली के रामलीला मैदान में एक लाख से अधिक लोगों ने जय प्रकाश नारायण की गिरफ्तारी के खिलाफ हुंकार भरी थी। उस समय आकाश में सिर्फ उनकी ही आवाज सुनाई देती थी। उसी वक्त राष्ट्रकवि रामधारी सिंह दिनकर ने कहा था सिंहासन खाली करो कि जनता आती है।

फिर जनवरी 1977 को आपातकाल हटा लिया गया और लोकनायक के संपूर्ण क्रांति आदोलन के चलते देश में पहली बार गैर कांग्रेसी सरकार बनी। इस क्रांति का प्रभाव न केवल देश में, बल्कि दुनिया के तमाम छोटे देशों पर भी पड़ा था। वर्ष 1977 में हुआ चुनाव ऐसा था जिसमें नेता पीछे थे और जनता आगे थी। यह जे. पी. के ही करिश्माई नेतृत्व का असर था।

जयप्रकाश नारायण सर्वोदयी के रूप में

जयप्रकाश नारायण की यात्रा का अगला पड़ाव सर्वोदय था। प्रजा समाजवादी दल में नेताओं के आपसी मतभेदों तथा खींच-तान से क्षुब्ध होकर जयप्रकाश नारायण ने 1954 में दल की राष्ट्रीय कार्यकारिणी से त्यागपत्र दे दिया तथा दलीय राजनीति में भाग न लेने के निर्णय की घोषणा की। इसके पश्चात् वे विनोबाजी द्वारा चलाये जा रहे भूदान आन्दोलन से जुड़ गये। वे विनोबाजी के सर्वोदय समाज की स्थापना के लक्ष्य से अत्यन्त प्रभावित थे तथा उनका यह दृढ़ निश्चय मत बन

चुका था कि जब तक कि समाजवाद को सर्वोदय के रूप में परिवर्तित नहीं किया जायेगा, तब तक समाजवाद के लक्ष्यों (स्वतन्त्रता, समानता तथा भाईचारा) को प्राप्त नहीं किया जा सकेगा। उन्होंने सर्वोदय के लिये जीवन दानी का व्रत लिया। भूदान आन्दोलन के लिये उन्होंने बिहार को केन्द्र बनाया तथा नक्सलवाद से प्रभावित क्षेत्रों की उन्होंने यात्रा की तथा बड़े जमींदारों को भूमिदान के लिये प्रेरित किया। उन्होंने अपना अधिकांश समय मुजफ्फपुर जिले में नक्सलवाद समाप्त करने में लगाया। 1972 में जयप्रकाश नारायण के आदर्शों से प्रेरित होकर चम्बल क्षेत्र के 400 से अधिक दुर्दान्त दस्युओं ने उनके समक्ष अपने हथियार डालकर आत्मसमर्पण किया।

बिहार आन्दोलन का नेतृत्व, आपातकाल का विरोध तथा सम्पूर्ण क्रान्ति के लक्ष्य की घोषणा

लगभग 20 वर्षों तक राजनीति से अलग रहने के बाद, 1974 में बिहार आन्दोलन का जयप्रकाश नारायण ने नेतृत्व किया। बिहार में भ्रष्टाचार के मुद्दे को लेकर छात्र संघर्ष समिति ने संघर्ष आरम्भ किया। शनैः-शनैः यह आन्दोलन बल पकड़ता गया। छात्र संघर्ष समिति के आग्रह पर जयप्रकाश नारायण ने इस आन्दोलन को नेतृत्व किया। इस आन्दोलन की प्रमुख मांग तत्कालीन गफूर सरकार बर्खास्त करने तथा विधान सभा भंग करके नये चुनाव करने की थी। बिहार में अब्दुल गफूर के नेतृत्व में काँग्रेसी सरकार सत्तारूढ़ थी। श्रीमती गाँधी ने गफूर सरकार को बर्खास्त करने से इन्कार कर दिया। इससे श्रीमती गाँधी तथा छात्र संघर्ष समिति के बीच टकराव बढ़ गया। जयप्रकाश नारायण ने छात्र संघर्ष समिति को अपना नैतिक समर्थन देने की घोषणा कर दी जिससे श्रीमती गाँधी तथा जयप्रकाश नारायण के बीच सीधा टकराव हो गया। जून, 1975 में इलाहाबाद उच्च न्यायालय द्वारा श्रीमती गाँधी के विरूद्ध राजनारायण की चुनाव याचिका पर उन्हें भ्रष्ट तरीके अपनाने का दोषी पाया गया तथा लोकसभा की सदस्यता से वंचित कर दिया गया। उच्च न्यायालय के निर्णय के खिलाफ श्रीमती गाँधी द्वारा सर्वोच्च न्यायालय में याचिका दायर की गयी। इसी बीच विपक्षी नेताओं ने श्रीमती गाँधी से प्रधानमंत्री पद से त्यागपत्र की मांग की। 23 जून, 1975 को दिल्ली में विरोधी नेताओं की एक बैठक बुलायी गयी जिसमें श्री जयप्रकाश नारायण ने भाग लिया। इस बैठक में श्रीमती गाँधी पर प्रधानमंत्री पद से त्यागपत्र देने के लिये दबाव बनाने की रणनीति पर विचार किया

गया तथा देशभर में धरने तथा प्रदर्शन का कार्यक्रम बनाया गया। श्रीमती गाँधी ने देश में अपनी स्थिति को बिगड़ते देखकर 25 जून, 1975 की अर्द्ध रात्रि को आपात स्थिति की घोषणा कर दी। लोकनारायण जयप्रकाश नारायण सहित विरोधी दलों के सभी प्रमुख नेताओं को गिरफ्तार कर लिया। जेल में जयप्रकाश नारायण के स्वास्थ्य की गम्भीर स्थिति को देखते हुए 12 नवम्बर, 1975 को उन्हें रिहा कर दिया गया। परन्तु अन्य प्रमुख विरोधी नेता जेल में ही बन्द रहे। 18 जनवरी, 1979 को श्रीमती गाँधी द्वारा लोकसभा चुनावों की घोषणा की गयी। इसके साथ ही प्रमुख विपक्षी नेताओं को रिहा कर दिया गया। श्री जयप्रकाश नारायण के सुझाव पर साम्यवादियों को छोड़कर शेष सभी विरोधी दलों ने जनता पार्टी के नाम से नये दल के गठन की घोषणा की। चुनावों में इस दल को भारी बहुमत मिला। श्री जयप्रकाश नारायण के नैतिक समर्थन की जनता पार्टी की विजय में महत्त्वपूर्ण भूमिका रही। जनता पार्टी की सरकार बनने के बाद श्री जयप्रकाश नारायण ने सम्पूर्ण क्रान्ति के लक्ष्य की घोषणा की। सम्पूर्ण क्रान्ति से उनका अभिप्राय देश में विभिन्न क्षेत्रों में आई गिरावट को रोककर पुनः नैतिक मूल्यों को बहाल करना था। वे ऐसी व्यवस्था के समर्थक थे जिसमें वास्तव में जनता अपने भाग्य का निर्णय स्वयं कर सकें। जयप्रकाश नारायण राजशक्ति के स्थान पर 'लोक शक्ति' (Lok Shakti) स्थापित करना चाहते थे। परन्तु केन्द्र में सत्तारूढ़ जनता सरकार ने जयप्रकाश नारायण के सुझावों की उपेक्षा की। अपने गिरते हुए स्वास्थ्य के बावजूद जयप्रकाशजी ने जनता दल के नेताओं को बार-बार चेतावनी दी कि वे आपसी मतभेदों को दूर करके सम्पूर्ण क्रान्ति के महान लक्ष्य के लिये जुट जायें, अन्यथा जनता उन्हें कभी माफ नहीं करेगी। परन्तु जनता पार्टी के नेता विवादों में उलझे रहे। जयप्रकाश नारायण का स्वास्थ्य गिरता जा रहा था। अक्तूबर 1979 में वे जीवन के अन्तिम पड़ाव को छोड़कर चल दिए।

जयप्रकाश नारायण की प्रमुख कृतियां

श्री जयप्रकाश नारायण द्वारा लिखित प्रमुख कृतियां निम्न प्रकार हैं–

1. समाजवाद ही क्यों ? (Why Socialism ?) 1934
2. समाजवाद से सर्वोदय (From Socialism to Sarvodaya) 1959
3. समाजवाद, सर्वोदय एवं लोकतन्त्र (Socialism, Sarvodaya and democracy) 1957

4. संघर्ष की ओर (Towards Struggle) 1946
5. भारतीय राजव्यवस्था की पुनर्रचना के लिये तर्क (A plea for the reconstruction of Indian Policy) 1960
6. जयप्रकाश नारायण की जेल डायरी (J. P's jail diary) 1977
7. सम्पूर्ण क्रान्ति की ओर (Towards Total Revolution) 1977

2

स्वतंत्रता आन्दोलन में योगदान

जयप्रकाश नारायण एक निष्ठावान राष्ट्रवादी थे और सिर्फ खादी पहनते थे। जयप्रकाश ने रॉलेट एक्ट जलियाँवाला बाग नरसंहार के विरोध में ब्रिटिश शैली के स्कूलों को छोड़कर बिहार विद्यापीठ से अपनी उच्चशिक्षा पूरी की, जिसे युवा प्रतिभाशाली युवाओं को प्रेरित करने के लिए डॉ. राजेन्द्र प्रसाद और सुप्रसिद्ध गांधीवादी डॉ. अनुग्रह नारायण सिंह, जो गांधी जी के एक निकट सहयोगी रहे द्वारा स्थापित किया गया था।। जयप्रकाश जी ने एम. ए. समाजशास्त्र से किया। जयप्रकाश ने अमेरिकी विश्वविद्यालय से आठ वर्ष तक अध्ययन किया और वहाँ वह मार्क्सवादी दर्शन से गहरे प्रभावित हुए।

जयप्रकाश ने भारतीय स्वतंत्रता संग्राम में कूदने का निश्चय किया, क्योंकि इन्हें मौलाना की एक गरज सुनाई पड़ी, जिसे उन्होंने पटना में ध्वनित किया था। *''नौजवानों अंग्रेजी (शिक्षा) का त्याग करो और मैदान में आकर ब्रिटिश हुकूमत की ढहती दीवारों को धराशायी करो और ऐसे हिन्दुस्तान का निर्माण करो, जो सारे आलम में खुशबू पैदा करे।''*–मौलाना अबुल कलाम आजाद

जयप्रकाश ने इस वक्तव्य को सुना तो उनके अंतर्मन में हलचल मच गया। जयप्रकाश पढ़ाई छोड़कर आंदोलन में कूद पड़े। भविष्य में जयप्रकाश जी प्रभा के साथ आ गये और नेहरू जी के यहाँ ठहरे। यहाँ उन्होंने देश को आजाद करने की विविध योजनाएँ बनाना आरम्भ कर दिया। एक दिन पटना में आचार्य नरेन्द्र देव की अध्यक्षता में समाजवादी कार्यकर्ताओं की राष्ट्रीय स्तर पर मीटिंग चल रही थी। वहाँ उन्होंने नरेन्द्र देव को यह कहते हुए सुना– *''आजादी तो हमें तभी प्राप्त होगी, जबकि*

हम समाजवादी लड़ाई का मार्ग पकड़ें।'' वहाँ पर यह विचार भी बताया गया कि यह संघर्ष तभी सफल होगा, जबकि हम समाजवाद की राह का अनुसरण करें। कोई भी आंदोलन बिना मध्यमवर्गीय लोगों के सहयोग के सफल नहीं होता। भविष्य में कांग्रेस सोशलिस्ट पार्टी का गठन हुआ तो जयप्रकाश को उसमें शामिल किया गया और उन्हें पार्टी का महासचिव बनाया गया। जयप्रकाश जी ने नई पार्टी की खूब सेवा की और उसका प्रचार एवं प्रसार किया। जयप्रकाश विलक्षण प्रतिभा से युक्त थे। उनकी बातों का भारतीय जनमानस पर अच्छा प्रभाव था। जयप्रकाश जी आजीवन मन से देश की सेवा करते रहे। उनके नेतृत्व में विभिन्न आंदोलन हुए। जयप्रकाश जी के निम्न आदर्श थे—सत्य, निष्ठा और ईमानदारी।

जयप्रकाश जी के योगदानों के बारे में जितना कहा जाए वह कम है। ये अत्यन्त परिश्रमी व्यक्ति थे। इनकी विलक्षणता की तारीफ स्वयं गांधी जी और नेहरू

जैसे लोग किया करते थे। भारत माता को आजाद कराने हेतु इन्होंने तरह-तरह की परेशानियों को झेला किन्तु इन्होंने अंग्रेजों के सामने घुटने नहीं टेके। क्योंकि ये दृढ़निश्चयी व्यक्ति थे। संघर्ष के इसी दौर में उनकी पत्नी भी गिरफ्तार कर ली गईं और उन्हें दो वर्ष की सजा हुई। क्योंकि वह भी स्वतंत्रता आंदोलन में कूदी थीं और जनप्रिय नेता बन चुकी थीं। जयप्रकाश जी अपनी निष्ठा और चतुराई के लिए प्रसिद्ध थे। वे सच्चे देशभक्त एवं ईमानदार नेता थे। वे ब्रिटिश प्रशासन का समूल नष्ट करने पर तुले हुए थे।

उन्होंने विश्व स्तर पर अपनी आवाज बुलन्द करते हुए कहा है कि विश्व के संकट को मद्देनजर रखते हुए भारत को आजादी प्राप्त होना अति आवश्यक है। जब तक हम आजाद न होंगे, हमारा स्वतंत्र अस्तित्व कायम न होगा और हम विकास के पथ पर अग्रसर न हो सकेंगे।

महात्मा गांधी ने अपने सारवान भाषण में कहा था–''करो या मरो''। ये वाक्यांश जयप्रकाश बाबू के मन में सदैव गूँजता रहता था। फलतः उन्होंने देश को आजाद करने हेतु "करो या मरो" का निर्णय लिया। गांधी जी के इस महामंत्र का उन्होंने जमकर प्रचार व प्रसार भी किया। गांधी जी से प्रेरणा लेकर जयप्रकाश आगे बढ़ते गये और स्वतंत्रता का बिगुल बज उठा। जब जयप्रकाश की गिरफ्तारी हुई तो ठीक दूसरे दिन महात्मा गांधी की भी गिरफ्तारी हुई। सैकड़ों हजारों की संख्या में लोग अपने नेताओं की रिहाई की माँग करने लगे। अंग्रेज स्तब्ध रह गये। देश के कोने-कोने के कार्यकर्ता बन्दी बनाये गये। क्रान्ति की स्थिति सम्पूर्ण देश के सम्मुख आयी हजारों की संख्या में लोगों ने गिरफ्तारियाँ दीं।

सविनय अवज्ञा आंदोलन में योगदान

जयप्रकाश 1929 में भारत लौटने पर कांग्रेस पार्टी में शामिल हो गए। भारत में ब्रिटिश हुकूमत के खिलाफ सविनय अवज्ञा आंदोलन में भाग लेने के कारण 1932 में उन्हें एक वर्ष की कैद हुई। यहाँ सविनय अवज्ञा आंदोलन के स्वरूप को रेखांकित करना जरूरी है–

सविनय अवज्ञा आन्दोलन, ब्रिटिश साम्राज्यवाद के विरुद्ध भारतीय राष्ट्रीय कांग्रेस द्वारा चलाये गए जन आन्दोलन में से एक था। 1929 ई। तक भारत को ब्रिटेन के इरादे पर शक होने लगा कि वह औपनिवेशिक स्वराज्य प्रदान करने की अपनी घोषणा पर अमल करेगा की नहीं। भारतीय राष्ट्रीय कांग्रेस ने लाहौर अधिवेशन (1929 ई.) में घोषणा कर दी कि उसका लक्ष्य भारत के लिए पूर्ण स्वाधीनता प्राप्त

करना है। महात्मा गांधी ने अपनी इस माँग पर जोर देने के लिए 6 अप्रैल, 1930 ई. को सविनय अवज्ञा आन्दोलन छेड़ा। जिसका उद्देश्य कुछ विशिष्ट प्रकार के गैर-कानूनी कार्य सामूहिक रूप से करके ब्रिटिश सरकार को झुका देना था।

सविनय अवज्ञा आन्दोलन के अंतर्गत चलाये जाने वाले कार्यक्रम निम्नलिखित थे–

1. नमक कानून का उल्लघंन कर स्वयं द्वारा नमक बनाया जाए।
2. सरकारी सेवाओं, शिक्षा केन्द्रों एवं उपाधियों का बहिष्कार किया जाए।
3. महिलाएँ स्वयं शराब, अफीम एवं विदेशी कपड़े की दुकानों पर जाकर धरना दें।
4. समस्त विदेशी वस्तुओं का बहिष्कार करते हुए उन्हें जला दिया जाए।
5. कर अदायगी को रोका जाए।

कानूनों को जानबूझ कर तोड़ने की इस नीति का कार्यान्वयन औपचारिक रूप से उस समय हुआ, जब महात्मा गांधी ने अपने कुछ चुने हुए अनुयायियों के साथ साबरमती आश्रम से समुद्र तट पर स्थित डांडी नामक स्थान तक कूच किया और वहाँ पर लागू नमक कानून को तोड़ा। लिबरलों और मुसलमानों के बहुत वर्ग ने इस आन्दोलन में भाग नहीं लिया। किन्तु देश का सामान्य जन इस आन्दोलन में कूद पड़ा। हजारों नर-नारी और वृद्ध कानूनों को तोड़ने के लिए सड़कों पर आ गए। सम्पूर्ण देश गम्भीर रूप से आन्दोलित हो उठा।

ब्रिटिश सरकार ने आन्दोलन को दबाने के लिए सख्त कदम उठाये और गांधी जी सहित अनेक कांग्रेसी नेताओं व उनके समर्थकों को जेल में डाल दिया। आन्दोलनकारियों और सरकारी सिपाहियों के बीच जगह-जगह जबर्दस्त संघर्ष हुए। शोलापुर जैसे स्थानों पर औद्योगिक उपद्रव और कानपुर जैसे नगरों में साम्प्रदायिक दंगे भड़क उठे। हिंसा के इस विस्फोट से गांधी जी चिन्तित हो उठे। वे आन्दोलन को बिल्कुल अहिंसक ढंग से चलाना चाहते थे।

सरकार ने भी गांधी जी व अन्य कांग्रेसी नेताओं को रिहा कर दिया और वायसराय लॉर्ड इरविन और गांधी जी के बीच सीधी बातचीत का आयोजन करके समझौते की अभिलाषा प्रकट की। गांधी जी और लॉर्ड इरविन में समझौता हुआ, जिसके अंतर्गत सविनय अवज्ञा आन्दोलन वापस ले लिया गया। हिंसा के दोषी लोगों को छोड़कर आन्दोलन में भाग लेने वाले सभी बन्दियों को रिहा कर दिया गया और कांग्रेस गोलमेज सम्मेलन के दूसरे अधिवेशन में भाग लेने को सहमत हो गई।

गोलमेज सम्मेलन का यह अधिवेशन भारतीयों के लिए निराशा के साथ समाप्त हुआ। इंग्लैण्ड से लौटने के बाद तीन हफ्तों के अन्दर ही गांधी जी को गिरफ्तार करके जेल में ठूँस दिया गया और कांग्रेस पर प्रतिबन्ध लगा दिया गया। इस कार्यवाही से 1932 ई. में सविनय अवज्ञा आन्दोलन फिर से भड़क उठा। आन्दोलन में भाग लेने के लिए हजारों लोग फिर से निकल पड़े, किन्तु ब्रिटिश सरकार ने सविनय अवज्ञा आन्दोलन के इस दूसरे चरण को बर्बरतापूर्वक कुचल दिया। आन्दोलन तो कुचल दिया गया, लेकिन उसके पीछे छिपी विद्रोह की भावना जीवित रही, जो 1942 ई. में तीसरी बार फिर से भड़क उठी।

इस बार गांधी जी ने ब्रिटिश सरकार के विरुद्ध भारत छोड़ो आन्दोलन छेड़ा। सरकार ने फिर ताकत का इस्तेमाल किया और गांधी जी सहित कांग्रेस कार्यसमिति के सभी सदस्यों को कैद कर लिया। इसके विरोध में देश भर में तोड़फोड़ और हिंसक आन्दोलन भड़क उठा। सरकार ने गोलियाँ बरसाईं, सैकड़ों लोग मारे गए और करोड़ों रुपयों की सम्पत्ति नष्ट हो गई। यह आन्दोलन फिर से दबा दिया गया, लेकिन इस बार यह निष्फल नहीं हुआ। इसने ब्रिटिश सरकार को यह दिखा दिया कि भारत की जनता अब उसकी सत्ता को ठुकराने और उसकी अवज्ञा के लिए कमर कस चुकी है और उस पर काबू पाना अब मुश्किल है।

सन 1942 में "अंग्रेजों, भारत छोड़ो" का जो नारा गांधी जी ने दिया था, उसके ठीक पाँच वर्षों के बाद अगस्त, 1947 ई. में ब्रिटेन को भारत छोड़ने के लिए मजबूर होना पड़ा।

"भारत छोड़ो" आन्दोलन में योगदान

क्रिप्स मिशन की विफलता के बाद महात्मा गाँधी ने ब्रिटिश शासन के खिलाफ अपना तीसरा बड़ा आंदोलन छेड़ने का फैसला लिया। 8 अगस्त 1942 की शाम को बम्बई में अखिल भारतीय काँगेस कमेटी के बम्बई सत्र में "अंग्रेजों भारत छोड़ो" का नाम दिया गया था। हालांकि गाँधी जी को फौरन गिरफ्तार कर लिया गया था लेकिन देश भर के युवा कार्यकर्ता हड़तालों और तोड़फोड़ की कार्रवाइयों के जरिए आंदोलन चलाते रहे। कांग्रेस में जयप्रकाश नारायण जैसे समाजवादी सदस्य भूमिगत प्रतिरोधि गतिविधियों में सबसे ज्यादा सक्रिय थे। पश्चिम में सतारा और पूर्व में मेदिनीपुर जैसे कई जिलों में स्वतंत्र सरकार, प्रतिसरकार की स्थापना कर दी गई थी। अंग्रेजों ने आंदोलन के प्रति काफी सख्त रवैया अपनाया फिर भी इस विद्रोह को दबाने में सरकार को एक वर्ष से ज्यादा समय लग गया।

"भारत छोड़ो" आन्दोलन 9 अगस्त, 1942 ई. को सम्पूर्ण भारत में राष्ट्रपिता महात्मा गाँधी के आह्वान पर प्रारम्भ हुआ था। भारत की आजादी से सम्बन्धित इतिहास में दो पड़ाव सबसे ज्यादा महत्त्वपूर्ण नजर आते हैं- प्रथम 1857 ई. का "स्वतंत्रता संग्राम" और द्वितीय 1942 ई. का "भारत छोड़ो" आन्दोलन। भारत को जल्द ही आजादी दिलाने के लिए महात्मा गाँधी द्वारा अंग्रेज शासन के विरुद्ध यह एक बड़ा नागरिक अवज्ञा आन्दोलन था। क्रिप्स मिशन की असफलता के बाद गाँधी जी ने एक और बड़ा आन्दोलन प्रारम्भ करने का निश्चय ले लिया। इस आन्दोलन को "भारत छोड़ो" आन्दोलन का नाम दिया गया।

"भारत छोड़ो" आन्दोलन या "अगस्त क्रान्ति" भारतीय स्वतन्त्रता आन्दोलन की अन्तिम महान लड़ाई थी, जिसने ब्रिटिश शासन की नींव को हिलाकर रख दिया। क्रिप्स मिशन के खाली हाथ भारत से वापस जाने पर भारतीयों को अपनी छले जाने का अहसास हुआ। दूसरी ओर दूसरे विश्वयुद्ध के कारण परिस्थितियाँ अत्यधिक गम्भीर होती जा रही थीं। जापान सफलतापूर्वक सिंगापुर, मलाया और बर्मा पर कब्जा कर भारत की ओर बढ़ने लगा, दूसरी ओर युद्ध के कारण तमाम वस्तुओं के दाम बेतहाश बढ़ रहे थे, जिससे अंग्रेज सत्ता के खिलाफ भारतीय जनमानस में असन्तोष व्याप्त होने लगा था। जापान के बढ़ते हुए प्रभुत्व को देखकर 5 जुलाई, 1942 ई. को गाँधी जी ने हरिजन में लिखा अंगेजों! भारत को जापान के लिए मत छोड़ो, बल्कि भारत को भारतीयों के लिए व्यवस्थित रूप से छोड़ जाओ।

इस समय द्वितीय विश्वयुद्ध छिड़ चुका था, और इसमें ब्रिटिश फौजों की दक्षिण-पूर्व एशिया में हार होने लगी थी। एक समय यह भी निश्चित माना जाने लगा कि जापान भारत पर हमला कर ही देगा। मित्र देश, अमेरिका, रूस व चीन ब्रिटेन पर लगातार दबाव डाल रहे थे, कि इस संकट की घड़ी में वह भारतीयों का समर्थन प्राप्त करने के लिए पहल करें। अपने इसी उद्देश्य को पूर्ण करने के लिए उन्होंने स्टेफोर्ड क्रिप्स को मार्च, 1942 ई. में भारत भेजा। ब्रिटेन सरकार भारत को पूर्ण स्वतंत्रता देना नहीं चाहती थी। वह भारत की सुरक्षा अपने हाथों में ही रखना चाहती थी और साथ ही गवर्नर-जनरल के वीटो अधिकारों को भी पहले जैसा ही रखने के पक्ष में थी। भारतीय प्रतिनिधियों ने क्रिप्स मिशन के सारे प्रस्तावों को एक सिरे से खारिज कर दिया।

क्रिप्स मिशन की असफलता के बाद भारतीय नेशनल कांग्रेस कमेटी की बैठक 8 अगस्त, 1942 ई. को बम्बई में हुई। इसमें यह निर्णय लिया गया कि अंग्रेजों को हर हाल में भारत छोड़ना ही पड़ेगा। भारत अपनी सुरक्षा स्वयं ही करेगा और

साम्राज्यवाद तथा फाँसीवाद के विरुद्ध रहेगा। यदि अंग्रेज भारत छोड़ देते हैं, तो अस्थाई सरकार बनेगी। ब्रिटिश शासन के विरुद्ध नागरिक अवज्ञा आन्दोलन छेड़ा जाएगा और इसके नेता गाँधी जी होंगे।

गाँधी जी ने कांग्रेस को अपने प्रस्ताव को न स्वीकार किये जाने की स्थिति में चुनौती देते हुए कहा कि "मैं देश की बालू से ही कांग्रेस से भी बड़ा आन्दोलन खड़ा कर दूंगा।" 14 जुलाई, 1942 ई. में कांग्रेस कार्यसमिति की वर्धा बैठक में गाँधी जी के इस विचार को पूर्ण समर्थन मिला कि भारत में संवैधनिक गतिरोध तभी दूर हो सकता है, जब अंग्रेज भारत से चले जायें। वर्धा में कांग्रेस कार्यसमिति ने "अंग्रेजों भारत छोड़ो" प्रस्ताव पारित किया। आन्दोलन की सार्वजनिक घोषणा से पूर्व 1 अगस्त, 1942 ई. को इलाहाबाद में तिलक दिवस मनाया गया। इस अवसर पर जवाहरलाल नेहरू ने कहा—हम आग से खेलने जा रहे हैं। हम दुधारी तलवार का प्रयोग करने जा रहे हैं, जिसकी चोट उल्टी हमारे ऊपर भी पड़ सकती है।

आन्दोलन के दौरान 8 अगस्त, 1942 ई. को अखिल भारतीय कांग्रेस की बैठक बम्बई के ऐतिहासिक ग्वालिया टैंक में हुई। गाँधी जी के ऐतिहासिक "भारत छोड़ो" प्रस्ताव को कांग्रेस कार्यसमिति ने कुछ संशोधनों के बाद 8 अगस्त, 1942 ई. की स्वीकार कर लिया। युद्ध की तैयारी में सहयोग देने के प्रस्ताव के साथ-साथ सरकार को तत्काल कदम उठाने की चुनौती दी गयी। कहा गया कि भारत की स्वतंत्रता की घोषणा के साथ एक स्थायी सरकार गठित हो जायगी और स्वतंत्र भारत संयुक्त राष्ट्र संघ का एक मित्र बनेगा। मुस्लिम लीग से वायदा किया गया कि ऐसा संविधान बनेगा, जिसमें संघ में शामिल होने वाली इकाईयों को अधिकाधिक स्वायत्तता मिलेगी और बचे हुए अधिकार उसी के पास रहेंगें। प्रस्ताव का अंतिम अंश था—देश ने साम्राज्यवादी सरकार के विरुद्ध अपनी इच्छा जाहिर कर दी है। अब उसे उस बिन्दु रो लौटाने का बिल्कुल औचित्य नहीं है। अतः समिति अहिंसक ढंग से, व्यापक धरातल पर गाँधी जी के नेतृत्व में जनसंघर्ष शुरू करने का प्रस्ताव स्वीकार करती है।

कांग्रेस के इस ऐतिहासिक सम्मेलन में महात्मा गाँधी ने लगभग 70 मिनट तक भाषण दिया। अपने संबोधन में उन्होंने कहा कि मैं आपको एक मंत्र देता हूँ, "करो या मरो," जिसका अर्थ था- भारत की जनता देश की आजादी के लिए हर ढंग का प्रयत्न करे। गाँधी जी के बारे में भोगराजू पट्टाभि सीतारामैया ने लिखा है कि वास्तव में गाँधी जी उस दिन अवतार और पैगम्बर की प्रेरक शक्ति से प्रेरित होकर भाषण दे रहे थे। वह लोग जो कुर्बानी देना नहीं जानते, वे आजादी प्राप्त नहीं कर

सकते। "भारत छोड़ो" आन्दोलन का मूल भी इसी भावना से प्रेरित था। गाँधी जी वैसे तो अहिंसावादी थे, मगर देश को आजाद करवाने के लिए उन्होंने "करो या मरो" का मूल मंत्र दिया। अंग्रेजी शासकों की दमनकारी, आर्थिक लूट-खसूट, विस्तारवादी एवं नस्लवादी नीतियों के विरुद्ध उन्होंने लोगों को क्रमबद्ध करने के लिए "भारत छोड़ो" आन्दोलन छेड़ा था। गाँधीजी ने कहा था कि–

"एक देश तब तक आजाद नहीं हो सकता, जब तक कि उसमें रहने वाले लोग एक-दूसरे पर भरोसा नहीं करते।"

गाँधी जी के इन शब्दों ने भारत की जनता पर जादू-सा असर डाला और वे नये जोश, नये साहस, नये संकल्प, नई आस्था, दृढ़ निश्चय और आत्मविश्वास के साथ स्वतंत्रता संग्राम में कूद पड़े। देश के कोने-कोने में "करो या मरो" की आवाज गुंजायमान हो उठी, और चारों ओर बस यही नारा श्रमण होने लगा।

9 अगस्त को भोर में ही ऑपरेशन "जीरो ऑवर" के तहत कांग्रेस के सभी महत्त्वपूर्ण नेता गिरफ्तार कर लिये गये। गाँधी जी को पूना के आगा खाँ महल में तथा कांग्रेस कार्यकारिणी के अन्य सदस्यों को अहमदनगर के दुर्ग में रखा गया। कांग्रेस को अवैधानिक संस्था घोषित कर ब्रिटिश सरकार ने इस संस्था की सम्पत्ति को जब्त कर लिया और साथ में जुलूसों को प्रतिबंधित कर दिया। सरकार के इस कृत्य से जनता में आक्रोश व्याप्त हो गया। जनता ने स्वयं अपना नेतृत्व संभाल कर जुलूस निकाला और सभाएं कीं। स्वतन्त्रता आन्दोलन के दौरान यह पहला आन्दोलन था, जो नेतृत्व विहीनता के बाद भी उत्कर्ष पर पहुँचा। सरकार ने जब आन्दोलन को दबाने के लिए लाठी और बन्दूक का सहारा लिया तो आन्दोलन का रूख बदलकर हिंसात्मक हो गया। अनेक स्थानों पर रेल की पटरियाँ उखाड़ी गईं और स्टेशनों में आग लगा दी गई। बम्बई, अहमदाबाद एवं जमशेदपुर में मजदूरों ने संयुक्त रूप से विशाल हड़ताल कीं। संयुक्त प्रांत में बलिया एवं बस्ती, बम्बई में सतारा, बंगाल में मिदनापुर एवं बिहार के कुछ भागों में "भारत छोड़ो" आन्दोलन के समय अस्थायी सरकारों की स्थापना की गयी। इन स्वाशासित समानान्तर सरकारों में सर्वाधिक लम्बे समय तक सरकार सतारा तक थी। यहाँ पर विद्रोह का नेतृत्व नाना पाटिल ने किया था। सतारा के सबसे महत्त्वपूर्ण नेता वाई.बी. चाह्वाण थे। पहली समान्तर सरकार बलिया में चितू पाण्डेय के नेतृत्व में बनी।

बंगाल के मिदनापुर जिले में तामलुक अथवा ताम्रलिप्ति में गठिन राष्ट्रीय सरकार 1944 ई. तक चलती रही। यहाँ की सरकार को जातीय सरकार के नाम से जाना जाता है। सतीश सावंत के नेतृत्व में गठित इस जातीय सरकार ने स्कूलों को

अनुदान दिये और सशस्त्र विद्युत वाहिनी सैन्य संगठन बनाया। इस आन्दोलन से सर्वाधिक प्रभावित क्षेत्र थे—बंगाल, बिहार, उत्तर प्रदेश, मद्रास एवं बम्बई। जयप्रकाश नारायण, राममनोहर लोहिया एवं अरुणा असफ अली जैसे नेताओं ने भूमिगत रहकर इस आन्दोलन को नेतृत्व प्रदान किया। बम्बई में उषा मेहता एवं उनके कुछ साथियों ने कई महीने तक कांग्रेस रेडियो का प्रसारण किया। राममनोहर लोहिया नियमित रूप से रेडियो पर बोलते थे। नवम्बर 1942 ई. में पुलिस ने इसे खोज निकाला और जब्त कर लिया।

"भारत छोड़ो" आन्दोलन मूल रूप से एक जनांदोलन था, जिसमें भारत का हर जाति वर्ग का व्यक्ति शामिल था। इस आन्दोलन ने युवाओं को एक बहुत बड़ी संख्या में अपनी ओर आकृष्ट कर लिया। युवाओं ने अपने कॉलेज छोड़ दिये और वे जेल का रास्ता अपनाने लगे। जिस दौरान कांग्रेस के नेता जेल में थे, ठीक इसी समय मोहम्मद अली जिन्ना तथा मुस्लिम लीग के उनके साथी अपना प्रभाव क्षेत्र फैलाने में लग गये। इसी वर्ष में मुस्लिम लीग को पंजाब और सिंध में अपनी पहचान बनाने का मौका मिला, जहाँ पर उसकी अभी तक कोई खास पहचान नहीं थी। जून 1944 ई. में जब विश्वयुद्ध समाप्ति की ओर था, गाँधी जी को जेल से रिहा कर दिया गया। जेल से निकलने के बाद उन्होंने कांग्रेस और मुस्लिम लीग के बीच फासले को पाटने के लिए जिन्ना के साथ कई बार मुलाकात की और उन्हें समझाने का प्रयत्न किया। इसी समय 1945 ई. में ब्रिटेन में लेबर पार्टी की सरकार बन गई। यह सरकार पूरी तरह से भारतीय स्वतंत्रता के पक्ष में थी। उसी समय वायसराय लॉर्ड वेवेल ने कांग्रेस और मुस्लिम लीग के प्रतिनिधियों के बीच कई बैठकों का आयोजन किया।

तत्कालीन भारतीय राजनीतिक दलों में साम्यवादी दल ने इस आन्दोलन की आलोचना की। मुस्लिम लीग ने भी "भारत छोड़ो" आन्दोलन की आलोचना करते हुए कहा कि आन्दोलन का लक्ष्य भारतीय स्वतन्त्रता नहीं, वरन भारत में हिन्दू साम्राज्य की स्थापना करना है, इस कारण यह आन्दोलन मुसलमानों के लिए घातक है। मुस्लिम लीग तथा उदारवादियों को भी यह आन्दोलन नहीं भाया। सर तेजबहादुर सप्रू ने इस प्रस्ताव को अविचारित तथा असामयिक बताया। भीमराव अम्बेडकर ने इसे अनुत्तरदायित्व पूर्ण और पागलपन भरा कार्य बताया। हिन्दू महासभा एवं अकाली आन्दोलन ने भी इसकी आलोचना की। यह आन्दोलन संगठन एवं आयोजन में कमी, सरकारी सेवा में कार्यरत उच्चाधिकारियों की वफादारी व आन्दोलनकारियों के पास साधन एवं शक्ति के अभाव के कारण पूर्ण रूप में सफल नहीं हो सका।

गाँधी जी ने भारत छोड़ो आन्दोलन को बहुत ही सुनियोजित ढंग से चलाने की रूपरेखा तैयार की थी। उन्होंने कहा, हम या तो भारत को आजाद करवाएंगे या इस कोशिश में मिट जाएंगे। भारत में 1946 ई. के प्रारम्भ में प्रांतीय विधान मंडलों के लिए नए सिरे से चुनाव सम्पन्न हुए। इन चुनावों में कांग्रेस को भारी सफलता प्राप्त हुई। मुस्लिमों के लिए आरक्षित सीटों पर मुस्लिम लीग को भारी बहुमत प्राप्त हुआ। इसी समय 1946 ई. की गर्मियों में कैबिनेट मिशन भारत पहुँचा। मिशन ने कांग्रेस और मुस्लिम लीग को एक ऐसी संघीय व्यवस्था पर राजी करने की कोशिश की, जिसमें भारत के अन्दर विभिन्न प्रांतों को सीमित स्वायत्तता दी जाये। लेकिन कैबिनेट मिशन का यह प्रयास असफल सिद्ध हुआ। इस मिशन के असफल हो जाने के कारण जिन्ना ने पाकिस्तान की स्थापना के लिए लीग की माँग के समर्थन में एक प्रत्यक्ष कार्यवाही दिवस का ऐलान किया। 16 अगस्त, 1946 ई. का दिन इसके लिये नियत किया गया था, लेकिन उसी दिन कलकत्ता में संघर्ष शुरू हो गया। यह हिंसा कलकत्ता से प्रारम्भ होकर बंगाल, बिहार और पंजाब तक फैल गई। कई स्थानों पर हिन्दू, तो कई स्थानों पर मुस्लिमों को निशाना बनाया गया।

"भारत छोड़ो" आन्दोलन भारत को स्वतन्त्र भले न करवा पाया हो, लेकिन इसका दूरगामी परिणाम सुखदायी रहा। इसलिए इसे भारत की स्वाधीनता के लिए किया जाने वाला अन्तिम महान प्रयास कहा गया। अगस्त, 1942 ई. के विद्रोह के बाद प्रश्न सिर्फ यह तय करना था कि स्वतंत्रता के बाद सरकार का स्वरूप क्या हो? 1942 ई. के आन्दोलन की विशालता को देखते हुए अंग्रेजों को विश्वास हो गया था कि उन्होंने शासन का वैद्य अधिकार खो दिया है। इस आन्दोलन ने विश्व के कई देशों को भारतीय जनमानस के साथ खड़ा कर दिया। चीन के तत्कालीन मार्शल च्यांग काई शेक ने 25 जुलाई, 1942 ई. को संयुक्त राज्य अमेरीका के राष्ट्रपति रूजवेल्ट को पत्र में लिखा, अंग्रेजों के लिए सबसे श्रेष्ठ नीति यह है कि वे भारत को पूर्ण स्वतन्त्रता दे दें। रूजवेल्ट ने भी इसका समर्थन किया। सरदार वल्लभ भाई पटेल ने आन्दोलन के बारे लिखा–"भारत में ब्रिटिश राज के इतिहास में ऐसा विप्लव कभी नहीं हुआ, जैसा कि पिछले तीन वर्षों में हुआ, लोगों की प्रतिक्रिया पर हमें गर्व है।"

सविनय अवज्ञा आन्दोलन के समय 1 वर्ष की सजा काटने के बाद जयप्रकाश को जेल से रिहा कर दिया गया। रिहा होने पर जयप्रकाश ने कांग्रेस सोशलिस्ट पार्टी के गठन में अग्रणी भूमिका निभाई, जो भारतीय स्वतंत्रता संग्राम का नेतृत्व करने वाली भारतीय राष्ट्रीय कांग्रेस के भीतर एक वामपंथी समूह था। द्वितीय विश्व युद्ध में ग्रेट ब्रिटेन के पक्ष में भारत की भागीदारी का विरोध करने के कारण 1939 में जयप्रकाश

को दुबारा गिरफ्तार कर लिया गया, जयप्रकाश नारायण जी को हजारीबाग जेल में कैद किया गया था। बापू जयप्रकाश जी के जेल से भागने की योजना बनाने लगे। इसी बीच दीपावली का त्योहार आया और जेलर साहब ने जश्न मनाने हेतु नाच-गाने का भव्य प्रोग्राम तैयार किया था, लोग मस्ती में झूम रहे थे। इसी बीच जब नाच-गाने का कार्यक्रम हुआ तो 9 नवम्बर, 1942 ई. को जयप्रकाश अपने छः सहयोगियों के साथ धोती बांधकर जेल परिसर को लांघ गये। इसकी सूचना लन्दन तक पहुँची।

कुछ दिन बाद 1943 में जयप्रकाश और राममनोहर लोहिया दोनों लोग गिरफ्तार कर लिये गये। किन्तु येनकेन प्रकारेण वे लोग फरार हो गये। भविष्य में जयप्रकाश जी रावलपिंडी पहुँचे और वहाँ पर जयप्रकाश जी ने अपना नाम बदल लिया। किन्तु ट्रेन में किसी दिन सफर करते हुए जयप्रकाश जी को अंग्रेज पुलिस अफसर ने दो भारतीय सैनिकों की सहायता से गिरफ्तार कर लिया। जयप्रकाश को लाहौर की काल कोठरी में रखा गया तथा इनकी कुर्सी पर बांधकर पिटाई की गई। भविष्य में इन्हें वहाँ से आगरा सेन्ट्रल जेल भेज दिया गया। इसी बीच ब्रिटेन में कन्जरवेटिव पार्टी की हार हुई और लेबर पार्टी सत्ता में आयी। सत्ता सम्भालने के बाद लिबरल पार्टी ने अपनी घोषणा में यह वक्तव्य जारी किया कि वह भारत को शीघ्र ही आजाद करने वाली है। जयप्रकाश नारायण का संकल्प पूर्ण हुआ।

सरकार ने 13 फरवरी, 1943 ई. को "भारत छोड़ो" आन्दोलन के समय हुए विद्रोहों का पूरा दोष महात्मा गाँधी एवं कांग्रेस पर थोप दिया। गाँधी जी ने इन बेबुनियाद दोषों को अस्वीकार करते हुए कहा कि–"मेरा वक्तव्य अहिंसा की सीमा में था।" उन्होंने कहा कि–"स्वतन्त्रता संग्राम के प्रत्येक अहिंसक सिपाही को कागज या कपड़े के एक टुकड़े पर करो या मरो का नारा लिखकर चिपका लेना चाहिए, जिससे यदि सत्याग्रह करते समय उसकी मृत्यु हो जाए तो उसे इस चिह्न के आधार पर दूसरे तत्त्वों से अलग किया जा सके, जिनका अहिंसा में विश्वास नहीं है।" गाँधी जी ने अपने ऊपर लगे आरोपों को सिद्ध कराने के लिए सरकार से निष्पक्ष जांच की मांग की। सरकार के इस ओर ध्यान न देने पर 10 फरवरी, 1943 ई. से उन्होंने 21 दिन का उपवास शुरू कर दिया। उपवास के तेरहवें दिन ही गाँधी जी की स्थिति बिल्कुल नाजुक हो गयी। ब्रिटिश भारत की सरकार उन्हें मुक्त न करके उनकी मृत्यु की प्रतीक्षा करने लगी। कुछ इतिहासकारों का मानना है कि आगा खाँ महल में उनके अन्तिम संस्कार के लिए चन्दन की लकड़ी की व्यवस्था भी कर दी गयी थी। सरकार की इस बर्बर नीति के विरोध में वायसराय की कौंसिल के सदस्य सर मोदी, सर ए. एन. सरकार एवं आणे ने इस्तीफा दे दिया।

लॉर्ड वावेल के स्थान पर लॉर्ड माउंटबेटन को फरवरी 1947 ई. में भारत का वायसराय नियुक्त कर दिया गया। माउंटबेटन ने हिन्दू और मुस्लिमों में अंतिम दौर की वार्ता का माहौल तैयार किया। जब सुलह के लिए उनका प्रयास भी विफल हो गया तो, उन्होंने ऐलान कर दिया कि ब्रिटिश भारत को स्वतंत्रता दे दी जाएगी, लेकिन उसका विभाजन भी होगा। सत्ता हस्तांतरण के लिए 15 अगस्त का दिन निश्चित किया गया। उस दिन भारत के विभिन्न भागों में लोगों ने जमकर खुशियाँ मनायीं। दिल्ली में जब संविधान सभा के अध्यक्ष ने मोहनदास करमचंद गाँधी को राष्ट्रपिता की उपाधि देते हुए संविधान सभा की बैठक शुरू की तो बहुत देर तक मधुर ध्वनि चारों ओर विद्यमान रही। बाहर जमा भीड़ गाँधीजी के जयकारे लगा रही थी।

देश की राजधानी दिल्ली में जो उत्सव 15 अगस्त-1947 को मनाये जा रहे थे, उनमें महात्मा गाँधी शामिल नहीं थे। वे इस समय कलकत्ता में थे। उन्होंने वहाँ पर भी किसी कार्यक्रम में भाग नहीं लिया, क्योंकि उन्होंने इतने दिन तक जिस स्वतंत्रता के लिए संघर्ष किया था, वह एक बहुत बड़ी कीमत पर प्राप्त हुई थी। राष्ट्र का विभाजन उनके लिये किसी बुरे सपने से कम नहीं था। हिन्दू और मुसलमान एक-दूसरे की गर्दन काटने पर आमादा थे। गाँधी जी ने हिन्दू, सिक्ख और मुस्लिमों से कहा कि अतीत को भुलाकर अपनी पीड़ा पर ध्यान देने के बजाय एक-दूसरे के साथ आपसी भाईचारे की मिसाल को अपनायें। अन्य भारतवासियों के समान ही जयप्रकाश नारायण के लिए भी यह गौरव का क्षण था।

3

जनता पार्टी और जयप्रकाश नारायण

आपातकाल के बाद 1977 में जो चुनाव हुआ था, वो अपने-आप में अलग किस्म का था। लोगों के सामने ये सवाल कम था कि कौन अच्छा है और कौन बुरा, बल्कि ये सवाल ज्यादा था कि लोगों की आपातकाल के बारे में क्या राय है। उसके प्रति लोगों ने जिस तरह से वोट दिया था, उससे साफ जाहिर था कि लोगों ने आपातकाल को खारिज कर दिया था।

यहां तक कि इंदिरा गांधी खुद भी चुनाव हार गई थीं, संजय गांधी हार गए थे और सारे हिन्दुस्तान में जिसका भी ताल्लुक आपातकाल से था, वो चुनाव जीत नहीं पाए थे। आमतौर पर वही लोग चुने गए थे, जिन्होंने आपातकाल का विरोध किया था और जिनके साथ ज्यादती की गई थी। नेतागण भी वे ही थे जो लम्बी जेलें काट चुके थे। कई समाचार-पत्रों के मुताबिक चुनाव इसलिए जल्दी कराए गए थे ताकि विपक्षी दलों को इकट्ठा होने का मौका न मिल सके। इसके बावजूद लोग बहुत तेजी के साथ इकट्ठा हुए और जनता पार्टी बन गई।

कई विचारधाराओं और छोटे-बड़े दलों को जोड़कर बनी यह पहली पार्टी थी जिसका आधार था, आपातकाल का विरोध करना और विचारधारा की सीमाओं से ऊपर उठकर एक साथ इकट्ठा होना। कुछ दिनों तक पार्टी के नेता और भावी प्रधानमंत्री को लेकर विवाद चलता रहा। हालांकि जयप्रकाश नारायण का कद बहुत ऊँचा था लेकिन उनका स्वास्थ्य ठीक नहीं था।

जगजीवन राम, चौधरी चरण सिंह और मोरारजी देसाई का नाम सामने आया। जयप्रकाश ने भी मोरारजी के नाम पर अपनी सहमति जताई। आखिरकार मोरारजी

देसाई जनता पार्टी के नेता चुन लिए गए। मोरारजी देसाई को नेता बनाने का फैसला काफी दबाव के बीच हुआ था। साझा कार्यक्रम बनाने में भी काफी देर लगी क्योंकि पार्टी में कई किस्म के लोग थे जिनकी बुनियादी विचारधारा अलग-अलग थी। इतनी अड़चनों के बावजूद साझा कार्यक्रम बन गया जो खुद में एक उपलब्धि था। यह एक व्यापक साझा कार्यक्रम था। इसमें स्वतंत्रता आंदोलन का अक्स था क्योंकि पार्टी में ऐसे कई नेता थे, जो स्वतंत्रता आंदोलन से जुड़े हुए थे। पार्टी में समाजवादी थे, गांधीवादी थे, लोहिया के लोग थे, फिर भी एक साझा कार्यक्रम बन गया।

आपातकाल के दौरान कई लोग जेल काट चुके थे। इससे एक नई 'कॉमरेडशिप' विकसित हुई। हालांकि जो लोग उस वक्त के जनसंघ से, कांग्रेस से या समाजवादी पार्टी से आए थे, उनकी सोच में काफी फर्क था। इसके बावजूद आपातकाल के दौरान की गई ज्यादती ने लोगों को इकट्ठा कर दिया। यही इस गठबंधन की मजबूती थी। कमजोरी यह थी कि इसमें नेता बहुत थे और कुछ समय बाद उनके राजनीतिक कद आड़े आने लगे। ये लोग व्यक्तिगत महत्वाकांक्षाओं को नीचे रखकर हमेशा के लिए एक पार्टी नहीं बना सके।

चौधरी चरण सिंह प्रधानमंत्री बनना चाहते थे। 1979 के दौरान कांग्रेस ने अंदर से चौधरी चरण सिंह और हेमवती नंदन बहुगुणा को बढ़ावा दिया। इसके बाद जनता पार्टी में विवाद शुरू हो गया। सदस्य छोड़कर जाने लगे। व्यक्तिगत महत्वाकांक्षाएं बड़े उद्देश्यों के आड़े आने लगे, पार्टी में दरार पड़ गई, पार्टी टूट गई और कांग्रेस ने इसका फायदा उठाया।

परिवर्तन की पृष्ठभूमि

जयप्रकाश जी 1974 में भारतीय राजनीतिक परिदृश्य में एक कटु आलोचक के रूप में प्रभावी ढंग से उभरे। जयप्रकाश जी की निगाह में प्रधानमंत्री इंदिरा गांधी की सरकार भ्रष्ट व अलोकतांत्रिक होती जा रही थी। 1975 में निचली अदालत में गांधी पर चुनावों में भ्रष्टाचार का आरोप साबित हो गया और जयप्रकाश ने उनके इस्तीफे की माँग की। इसके बदले में इंदिरा गांधी ने राष्ट्रीय आपातकाल की घोषणा कर दी और नारायण तथा अन्य विपक्षी नेताओं को गिरफ्तार कर लिया। पाँच महीने बाद जयप्रकाश जी गिरफ्तार किए गए। भ्रष्टाचार के खिलाफ जे. पी. आंदोलन व्यापक हो गया और इसमें जनसंघ, समाजवादी, कांग्रेस (ओ) तथा भारतीय लोकदल जैसी कई पार्टियाँ कांग्रेस सरकार को गिराने एवं नागरिक स्वतंत्रताओं की बहाली के लिए एकत्र हो गईं। इस प्रकार जयप्रकाश ने गैर साम्यवादी विपक्षी पार्टियों को एकजुट करके जनता पार्टी का निर्माण किया। जिसने भारत के 1977 के आम चुनाव में भारी सफलता प्राप्त करके आजादी के बाद की पहली गैर कांग्रेसी सरकार बनाई। जयप्रकाश ने स्वयं राजनीतिक पद से दूर रहकर मोरारजी देसाई को प्रधानमंत्री मनोनीत किया।

इन्दिराजी अपनी क्षमता अनुसार देश के लिए बहुत कुछ किया। विदेशों में भी उनका मान थोड़े ही दिनों में अप्रत्याशित रूप से बढ़ा, पर देश के मोर्चे पर उनके विरोधी उन्हें सफल नहीं होने देने के लिए कटिबद्ध थे। ठीक है कि देश में विभिन्न

समस्याएँ थीं, पर ये सभी तो उन्हें विरासत में मिली थीं, उनके द्वारा सृजित नहीं थी। यह भी ठीक है कि प्रधानमन्त्री होने के कारण उनका समाधान उन्हीं का दायित्व था, पर जब विपक्ष तो विपक्ष, अपनी पार्टी के लोग भी विरोध में पर्वत की तरह आड़े हों, तो विकास की धारा को अबाध प्रवाहित करना कैसे सम्भव था? फिर प्राकृतिक शक्तियों पर तो किसी का नियन्त्रण नहीं है। अगर बरसात के मौसम में निरन्तर दो-दो वर्ष बादल नहीं बरसें और देश में अकाल की स्थिति पैदा हो जाये तथा उद्योगों के लिए कच्चे माल का भी उत्पादन सम्भव नहीं हो तथा इस सबके फलस्वरूप देश की अर्थव्यवस्था चरमरा जाये, तो उसमें प्रधानमन्त्री का क्या दोष है, विशेषकर तब जब सभी के प्रति दोष की भावना से ही भरे हों और उसके विरुद्ध अनावश्यक रूप से विष-वमन कर रहे हों।

देश के चारों दिशाओं में असंतोष व्याप्त था, परन्तु इसके समाधान हेतु पहल करने के लिये कोई आगे नहीं आ रहा था, अपितु अपने और पराए इस अग्नि को हवा देने में ही लगे थे। उन्हें न देश प्रिय था न उसकी नेता। उनका एकमात्र उद्देश्य इस नेता को जड़-मूल से उखाड़ना था। जनता का यह आक्रोश इन्दिरा गाँधी के सत्ता में आने के पूर्व से ही कई रूपों में अभिव्यक्त हो रहा था। जिस समय वह प्रधानमन्त्री के रूप में शपथ ग्रहण कर रही थीं, उसी समय देश में जनान्दोलनों, प्रदर्शनों, दंगों, छात्रान्दोलनों, सरकारी कर्मचारियों द्वारा हड़ताल, विभिन्न प्रकार के जुलूसों आदि की बाढ़-सी आयी हुई थी।

आन्दोलन की स्थिति बहुत ही बिगड़ चुकी थी। आलम यह था कि प्रायः आन्दोलनकारी हिंसात्मक कार्य करने लगते थे। आगजनी तक आम हो गयी थी, सरकारी सम्पत्तियों को भीषण क्षति पहुँचाई जा रही थी। आन्दोलनकारी लोगों के मन को राजनीतिक पार्टियों ने इनता बढ़ा दिया था कि वे पुलिस के साथ लाठी-से-लाठी भिड़ाने को उद्यत रहते थे। पुलिस से नियन्त्रण नहीं सम्भव हुआ, तो कई बार सेना भी बुलानी पड़ी। आन्दोलनकारियों में स्कूलों-कॉलेजों के अध्यापक, डॉक्टर, इंजीनीयर आदि भी विपक्षी पार्टियों और कांग्रेस पार्टी के तथाकथित असन्तुष्टों के उकसाने में आकर सम्मिलित होने लगे। ऐसे लोगों की माँग वेतन वृद्धि और अन्य सुविधाओं से सम्बन्धित थी।

कांग्रेस पार्टी में गुटबाजी और खेमेबन्दी बढ़ गयी थी। केन्द्र तो केन्द्र प्रायः हर राज्य में विक्षुब्ध गुटों का जन्म हो रहा था। पार्टी के जिन लोगों ने समझा था कि एक नयी उम्र की महिला प्रधानमन्त्री को अपनी उँगली के इशारे पर नचायेंगे, उन्हें असफलता मिली थी और जो लोग प्रधानमन्त्री के चुनाव के समय श्रीमती

गाँधी के साथ थे, वे भी उनसे पृथक् हो असन्तुष्टों की जमात में आ चुके थे। ये लोग अपने पैर पर अपने आप ही कुल्हाड़ी मार रहे थे; क्योंकि 1967 का आम चुनाव समीप था और गुटबन्दी ग्रस्त पार्टी को चुनाव सागर को सफलतापूर्वक पार करना कठिन होता।

विपक्षी पार्टियों में खासकर साम्यवादी, समाजवादी पार्टियों के सांसदों ने तो संसद की मर्यादा को भी ताक पर रख दिया था और संसद में अशोभनीय तरीकों, जैसे–गन्दे व्यक्तिगत आक्षेपों, यहाँ तक कि कामुक संकेतों से एक महिला प्रधानमन्त्री को उत्पीड़ित किया जाता था। संसदीय मर्यादाएँ उस तरह घोर पतन का आखेट हुईं।

इन्हीं पार्टियों में जनसंघ भी शामिल होकर हिंसक आन्दोलनों को हवा दे रही थीं, इस उम्मीद में कि प्रशासन को पंगु कर जनता को पूरी तरह सरकार के विरुद्ध कर गै र-संवैधानिक तरीके से सत्ता पर अधिकार किया जा सकता है।

तत्कालीन गृहमंत्री गुलजारीलाल नन्दा इस कारण दुःखी थे कि एक वरिष्ठ नेता और मंत्री होने के बाद भी उन्हें बार-बार अन्तरिम प्रधानमन्त्री ही बना दिया जाता था। इस बार तो वह प्रधानमन्त्री बने रहने का सपना पूरी तरह देख रहे थे, पर अपनी कमजोर स्थिति को देखते हुए वह चुनाव में नहीं उतरे। उतरते, तो मोरारजी के बराबर भी उन्हें वोट नहीं मिलते। एक महिला प्रधानमन्त्री, वह भी उम्र और अनुभव में उनसे बहुत कम के अन्तर्गत कार्य करना उन्हें अपना अपमान लग रहा था। गृहमन्त्रालय उनकी उदासीनता के फलस्वरूप प्रायः निष्क्रिय हो गया था, एक यह भी कारण था कि आन्दोलनों, हड़तालों और जुलूसों पर पूर्ण नियन्त्रण प्राप्त करने में पुलिस असफल हो रही थी और बार-बार सेना की सहायता लेनी पड़ती थी। अन्ततः श्रीमती गाँधी ने गृहमन्त्री नन्दा से छुटकारा पा ही लिया। यहाँ उन्होंने अद्भुत दृढ़ता का परिचय दिया। हुआ यह कि जनसंघ के उकसाने पर साधुओं–जिनमें नग्न नागा साधु भी सम्मिलित थे–ने गो–हत्या रोकने के मुद्दे पर त्रिशूल, तलवार आदि के साथ दिल्ली में जुलूस निकाला। गृहमन्त्री नन्दा का साधु-प्रेम जग-ज ाहिर था, अतः उन्होंने उनके विरुद्ध कोई सख्त रवैया अपनाने से परहेज किया। ये शस्त्रधारी हुड़दंगी आसाधु लोगों ने नंगा नाच किया। संसद भवन में घुसने का ज ोरदार प्रयास किया तथा बसों, सरकारी इमारतों, कारों और दुकानों तक को आग के हवाले करना आरम्भ किया। हद तो तब हो गयी, जब इन्होंने हत्या के इरादे से कामराज के आवास को घेर लिया और अन्दर प्रवेश करने की कोशिश की। रोकती हुई पुलिस कर्मचारी और अधिकारी त्रिशूल-तलवार और भाले

से घायल हुए। पुलिस को विवश होकर गोली चलानी पड़ी, जिसेक फलस्वरूप छह साधु मारे गये।

इस घटना के कारण सरकार को बदनाम करने का अच्छा अवसर विपक्षी दलों के हाथ लग गया। इससे सरकार बदनाम भी हुई। प्रधानमन्त्री इन्दिरा गांधी भी उस मौके को कहाँ चूकने वाली थीं? उन्होंने नन्दा से इस्तीफा माँग लिया। नन्दा की उसी दिन राजनीतिक कब्र खुद गयी।

संसद के दोनों सदनों में विपक्ष की पार्टियां अपने गन्दे और अमान्य व्यवहार का प्रदर्शन करते रहे। समाजवादी नेता राम मनोहर लोहिया—जो नेहरूजी के काल में उनके घोर आलोचक थे—ने उनकी पुत्री को भी नहीं बख्शा। श्रीमती गाँधी को 'गूँगी गुड़िया' का सम्बोधन उन्हीं का दिया हुआ था।

अन्तर्कलह से जूझ रही कांग्रेस पार्टी की हालत और भी बिगड़ गई। उसमें इन्दिरा गाँधी की ऊँचाई का कोई और नेता नहीं था, जिसे राष्ट्रीय स्तर पर मान्यता प्राप्त हो। चुनाव का समर उन्हीं के सेनापतित्व में लड़ा जा सकता था, इस तथ्य से पार्टी के नेता अनभिज्ञ नहीं थे, तथापि संगठन निरन्तर सरकार, मुख्यतः इन्दिरा गाँधी को हाशिए पर डालने का प्रयास करता रहा। 1967 का चुनाव सामने आ गया, पर उम्मीदवारों के चयन में भी पार्टी अध्यक्ष के कामराज और उनके सहयोगियों ने इन्दिरा गाँधी की भूमिका नगणय कर दी।

1967 के आम चुनाव की घटना

पूरे देश का माहौल सुधरा नहीं था कि सन् 1967 में चौथे लोक सभा चुनाव की घोषणा कर दी गई। पार्टी के लिए देशव्यापी दौरा श्रीमती गाँधी को ही करना था। पार्टी में उनके प्रबल प्रतिद्वन्द्वी पार्टी अध्यक्ष के कामराज को तो अपनी मातृभाषा तमिल के अतिरिक्त और कोई भाषा ही नहीं आती थी। अपने महारथी को ही दुर्बल कर पार्टी चुनाव में उतरी। श्रीमती गाँधी उस समय जनता में अत्यधिक अलोकप्रिय कर दी गयी थीं। रही-सही कसर विपक्षियों ने उनके विरुद्ध हवा बनाकर पूरी कर दी। उनकी अनेक जन-सभाओं में उनके विरुद्ध नारे लगाये गये, हंगामें हुए, काले झण्डे दिखाये गये। हद तो तब हो गयी, जब 8 फरवरी 1967 को भुवनेश्वर की एक आम-सभा में उन पर ईंट-पत्थरों की बौछार की गयी। उनकी नाक पर एक पत्थर लगा और वह घायल हो गयीं। एक होंठ कट गया और उससे रक्त प्रवाहित होने लगा तथा नाक की हड्डी भी क्षतिग्रस्त हो गयी।

इस कारण इन्दिरा जी को दो दिन तक अस्पताल में रहना पड़ा। इधर मीडिया वालों ने इस घटना का पूरे जोर-शोर से प्रचार किया। लोगों में यह चर्चा खूब चली कि श्रीमती गाँधी की नाक कट गयी। श्रीमती गाँधी की अलोकप्रियता और बढ़ी, पर उन्होंने हिम्मत नहीं हारी। हिम्मत, साहस और निर्भीकता ही उनके सम्बल रहे, भले ही अन्त में इन्हीं की कीमत उन्हें प्राण देकर चुकानी पड़ी।

इतना सब होने के बाद आखिरकार कांग्रेस को पुनः केन्द्र की सत्ता प्राप्त हुई, परन्तु पहले की अपेक्षा मत बहुत कम मिले, यद्यपि मतदाताओं की संख्या इस चुनाव में बढ़कर 61% से अधिक हो गयी थी। पार्टी ने पुनः श्रीमती गाँधी के नेतृत्व में ही केन्द्र में सरकार का गठन किया, पर कई राज्यों में वह बुरी तरह पिट गयी। उनमें या तो क्षेत्रीय पार्टियाँ सत्ता में आयीं अथवा गठबन्धन सरकारें बनीं। राज्यों में कांग्रेस के बुरे प्रदर्शन का एक कारण क्षेत्रीय नेताओं की विलासितापूर्ण जि न्दगी भी थी। केन्द्रीय सत्ता दुर्बल हुई, तो क्षेत्रीय पार्टी-इकाइयों पर नियन्त्रण जाता रहा और उनके नेता उच्छृंखल हो गये। जनता उन्हें पूरी तरह उखाड़ फेंकती, पर उसकी विवशता यह थी कि कांग्रेस के अतिरिक्त कोई अन्य राष्ट्रीय पार्टी भी नहीं थी। विपक्षी पार्टियाँ एकजूट होकर लड़ी थीं, किन्तु दुर्भाग्य यह कि उनकी कोई नीति नहीं थी, न उसका कोई मुद्दा। एकमात्र मुद्दा था, तो कांग्रेस को हराना। इन्दिरा को पराजित एवं अपमानित करना, इसीलिए वे पूरी तरह जनता का मन जीतने में सफल नहीं हो सके।

प्रदेशों में कांग्रेस की हार का सबसे मुख्य वजह टिकट का सही ढंग से न बांटना था, जिस पर इन्दिरा गाँधी का नहीं, कामराज के नेतत्व में तथाकथित 'सिंडिकेट' का हाथ था। यही 'सिंडिकेट' सरकार में भी अपना वर्चस्व चाहती थी और प्रधानमन्त्री को मात्र कठपुतली बनाकर रखना चाहती थी। टिकट बँटवारे में अत्यन्त अदूरदर्शिता और पक्षपात से काम लिया गया। 'सिंडिकेट' के स्वार्थ को सर्वोपरि रखा गया। परिणाम वही हुआ, जिसका भय था, हज ारों कांग्रेसी, जिन्हें टिकट से वंचित किया गया, वे राज्यों के विक्षुब्ध गुटों से मिलकर स्वतन्त्र उम्मीदवारों के रूप में कांग्रेस के घोषित उम्मीदवारों के विरुद्ध में ही चुनाव मैदान में कूद पड़े।

कई दलों ने मिलकर एक विचित्र गठबन्धन राजस्थान में भूतपूर्व राजों-रजवाड़ों की एक पार्टी स्वतन्त्र पार्टी के रूप में उभरी थी। इस पार्टी ने इन्दिरा गाँधी के राजस्थान की चुनाव-सभाओं में खुलकर हुड़दंग मचाया था। उन राजाओं-रजवाड़ों ने

स्वतन्त्रता की लड़ाई में भी अंग्रेज ों का ही साथ दिया था। ये विलासी, उच्छृंखल और निरंकुशता प्रिय थे। स्वतन्त्रता और शोषण इनके रक्त में ही थे। यह स्वाभाविक ही था कि इन्होंने अपनी पार्टी का नाम 'स्वतन्त्र' पार्टी रखा था। उसकी इकाइयाँ छोटी-सी ही सही, कई अन्य राज्यों में भी थीं।

विभिन्न दलों के इस गठबन्धन में कोई नीति व तालमेल नहीं था। लोहियावादी समाजवादी, जो अपने आदर्शों, प्रतिबद्धताओं और सामाजिक संस्कारों का ढिंढोरा पीटते नहीं थकते थे, सर्वाधिक स्वार्थी निकले। अपने को धर्मनिरपेक्ष कही जाने वाली इस पार्टी ने हिन्दू सम्प्रदायवादी जनसंघ और घोर दक्षिण पन्थी स्वतन्त्र पार्टी से भी हाथ मिलाने में बढ़-चढ़कर भाग लिया। आश्चर्य है कि कई राज्यों में अनीश्वरवादी साम्यवादियों और धर्मान्ध दक्षिण पन्थियों में भी तालमेल हो गया। पंजाब में जनसंघ ने आकली तो अकाली सी.पी. एम. (कम्यूनिस्ट पार्टी ऑफ इंडिया) से भी हाथ मिलाने में किसी संकोच का अनुभव नहीं किया। देश के विभाजन के लिए जि म्मेदार 'मुस्लिम लीग' को गले लगाने में भी कई पार्टियों ने शर्मनाक प्रवृत्ति प्रदर्शित की। इनमें केरल की सी.पी. एम. और तमिलनाडु की डी.एम.के. तथा स्वतन्त्र पार्टी आगे रहीं।

यह पहले भी उल्लेख किया जा चुका है कि इस बार कांग्रेस बहुत कम मत से सत्ता में आयी थी। 520 संसदीय 'सीटों' में उसने मात्र 284 सीटें हासिल की। इस तरह जहाँ 1962 में वह 228 सीटों की बहुमत से सरकार में आयी थी, वहीं 1967 में यह बहुमत मात्र 48 सीटों का रह गया। राज्यों की स्थिति यह थी कि पश्चिम बंगाल और केरल में साम्यवादियों का वर्चस्व रहा। अन्य राज्यों में दक्षिणपन्थी, सामन्ती, सम्प्रदायवादी और अन्य क्षेत्रीय पार्टियों ने अपनी स्थिति मज बूत की। तमिलनाडू में डी. एम. के. तथा उड़ीसा में "स्वतन्त्र पार्टी" के नेतृत्व में बनी सरकारें ही स्थित रहीं। बाकी राज्यों की गठबन्धन सरकारें शीघ्र ही चरमरा गयीं।

नेहरू जी के बाद पहली बार ऐसा हुआ जब किसी आम चुनाव में कांग्रेस पार्टी गुटवादी एवं अन्तर्कलह से ग्रस्त पार्टी पूरी तरह लड़खड़ा गयी हो। इसी समय गठबन्धन की राजनीति आरम्भ हुई, पहले तो वह राज्यों तक ही सीमित रही, बाद में केन्द्र को भी इस गठबन्धन की राजनीति ने अपनी चपेट में ले लिया। फिर भी 1967 के चुनावों ने प्रधानमन्त्री के रूप में इन्दिरा गाँधी की स्थिति को पहले से अत्यधिक मज बूत कर दिया। 'सिंडिकेट' के उनके प्रमुख प्रतिद्वन्द्वी, जिन्होंने उन्हें कठपुतली बनाकर रखा था, इस चुनाव में धूल चाट गये। उनमें प्रमुख थे–के. कामराज (जिन्हें 'किंग-मेकर' की संज्ञा मिली हुई थी), अतुल्य घोष तथा एस. के.

पाटिल। सिंडिकेट के कई वफादार भी संसदीय और विधान सभायी चुनावों में पराजित हो गये।

इन्दिरा जी की स्थिति सरकार के साथ-साथ पार्टी में भी इतनी सुदृढ़ हो गई कि वे अपनी रुचि के अनुसार कोई भी कार्य कर सकती थीं। मन्त्रिमंडल का गठन प्रधानमन्त्री के अधिकार क्षेत्र में पूरी तरह आता है। संविधान भी इस सम्बन्ध में पूरी तरह स्पष्ट है, जब वह कहता है कि प्रधानमन्त्री की नियुक्ति राष्ट्रपति करेगा और मन्त्रियों का चयन प्रधानमन्त्री, राष्ट्रपति के अनुमोदन से करेगा। आश्चर्य है कि इसके पूर्व अपने मन्त्रिमंडल के गठन और उसमें फेर-बदल करने का अधिकार भी 'सिंडिकेट' उन्हें नहीं प्राप्त करने देता था। गुलजारी लाल नन्दा को गृहमन्त्री के पद से हटाने में वह इसलिए सफल हुईं कि उनकी निष्क्रियता अथवा उदासीनता से 'सिंडिकेट' प्रमुख कामराज के जीवन पर ही संकट आ गया था। अब से अपने मन्त्रिमंडल को पूरी स्वतंत्रता से गठित कर सकती थीं। 'सिंडिकेटियों' में मात्र एक प्रमुख नेता मोरारजी देसाई चुनाव में विजयी हुए थे। वे स्पष्टतः श्रीमती गाँधी के प्रतिद्वन्द्वी थे, किन्तु सिंडिकेट के बिखर जाने से उनका मनोबल टूट गया। इन्दिरा गाँधी ने उन्हें उपप्रधानमन्त्री का पद देकर उन्हें अपना शुभचिन्तक बनाने का प्रयास किया, पर आगे की परिस्थितियों ने स्पष्ट किया कि इस व्यक्ति को वफादार बनाना आसान नहीं है। वह अभी वित्त-मन्त्री भी थे।

कांग्रेस दल का पहला बंटवारा

इन्दिरा जी अधिक दिनों तक सिंडिकेट पर हावी नहीं रह सकीं, जिसका सबसे प्रमुख कारण यह था कि कामराज और एस. के. पाटिल उपचुनावों में विजयी होकर पुनः संसद में आ गये। ये लोग मोरारजी देसाई से मिल गये और 'सिंडिकेट' की स्थिति पुनः मज बूत हो गयी। पार्टी और सरकार में पुनः खींचातानी आरम्भ हो गयी। 'सिंडिकेट' का दावा था कि प्रधानमन्त्री पार्टी के ऊपर नहीं, बल्कि उसके नीचे हैं, पार्टी को सरकार की नीतियों के निर्धारण का पूर्ण अधिकार है।

सन् 1967 के आम चुनाव में कांग्रेस के प्रदर्शन को प्रभावित करने वाली आर्थिक तथा अन्य परेशानियों का अब तक कोई समाधान नहीं हो सका था। प्रधानमन्त्री मन-मुताबिक कदम उठाने में अपने को असमर्थ पा रही थीं। आवश्यकता थी समाजवादी अथवा मध्यममार्गी विकासात्मक कदम उठाने की। कृषि सुधारों को प्रभावी ढंग से लागू करने की। यथासम्भव आय और सम्पत्ति के वितरण में समानता लाने की, पर 'सिंडिकेट' वाले पूरी तरह दक्षिण पन्थी धारा के थे। बड़े कृषकों,

पूँजीपतियों और अमीर व्यवसायी वर्ग के पक्षधर थे। इन्दिरा गाँधी की स्थिति मात्र मूकदर्शक की हो गयी थी। इधर सरकार ही नहीं, पार्टी की स्थिति भी बद से बदतर हो रही थी। फलतः 1969 में जो राज्यों में मध्यावधि चुनाव हुए, उनमें कांग्रेस का प्रदर्शन चिन्तनीय रहा। इन्दिरा गाँधी का वस्तुतः कुछ नहीं चल पा रहा था। 1967 के अन्त में के. कामराज पार्टी अध्यक्ष के पद से अवकाश प्राप्त कर रहे थे। इन्दिरा गाँधी ने किसी उदार विचार वाले व्यक्ति को उनके स्थान पर लाना चाहा, पर उनका प्रयास असफल हुआ और 'साँपनाथ' की जगह आये भी, तो 'नागनाथ', अर्थात् पूर्व सिंडकेटी और कट्टर अनुदारवादी एवं घोर महत्त्वाकांक्षी निजलिंगप्पा।

'सिंडिकेट' चाहता था कि इन्दिरा जी को प्रधानमंत्री पद से हटाकर किसी ऐसे व्यक्ति को सत्ता दी जाये जो उसके अनुसार कार्य करे वस्तुतः ये लोग मोरारजी देसाई को प्रधानमन्त्री बनाना चाहते थे और वह भी इसके लिए राज ी थे। यह तथ्य निजलिंगप्पा की दैनन्दिनी (डायरी) की 12 मार्च 1969 एवं 13 अप्रैल 1969 की प्रविष्टियों से स्पष्ट होता है।

इन्दिरा जी को अपने ऊपर आने वाले संकट का आभास हो चुका था इसलिए उन्होंने फाइनल लड़ाई लड़ने का विचार कर लिया था। इसकी भूमिका मई 1969 में तत्कालीन राष्ट्रपति डॉ. जाकिर हुसैन की मृत्यु ने गढ़ दी। 'सिंडिकेट' वाले नीलम संजीव रेड्डी को राष्ट्रपति बनाना चाहते थे। उनका नामांकन पत्र भी कांग्रेस की ओर से दाख़िल हो गया। रेड्डी राष्ट्रपति चुने जाते, तो उनके माध्यम से इन्दिरा गाँधी को पदच्युत करा देना तय था। इन्दिरा गाँधी ने ऐसे सभी अवसरों पर निर्णायक कदम उठाया हैं। उन्होंने उपराष्ट्रपति वी.वी. गिरी को राष्ट्रपति के उम्मीदवार के रूप में खड़ा कर दिया। पार्टी के विरुद्ध जाने के लिए जनता के एक भाग में भी उनकी कटु आलोचना हुई। इन्दिरा गाँधी हवा को अपने अनुकूल करने की कला जानती थीं। उन्होंने 18 जुलाई को मोरारजी देसाई से वित्त-मन्त्री के पद से इस्तीफा ले लिया। वह सुधारवादी आर्थिक विचारधारा को लागू करने में कोई सहयोग नहीं दे रहे थे और जनता के मध्य पूँजीवादियों के मसीहा के रूप में कुख्यात हो चुके थे। उन्हें हटाकर श्रीमती गाँधी ने वित्त-मन्त्रालय को अपने अधीन रखा और तत्काल कई क्रान्तिकारी कद्म उठये।

1. उन्होंने अध्यादेश द्वारा 14 महत्त्वपूर्ण बैंकों का राष्ट्रीयकरण कर दिया।
2. भूतपूर्व राजों-रजवाड़ों की विशेष सुविधाओं को समाप्त कर दिया।

इन्दिरा जी द्वारा किये गये इस कार्य से कई लोग प्रभावित हुए। जनता में बहुत अच्छा सन्देश गया। समाजवादियों, साम्यवादियों एवं कांग्रेस में भी सुधारवादी नेताओं,

सदस्यों ने इन्दिरा गाँधी के इन कदमों के लिए उनकी जमकर प्रशंसा की। ग रीबों, दलितों, मध्यवर्गीय लोगों तथा बुद्धिजीवियों में उनकी लोकप्रियता आसमान छूने लगी। उसका सुफल अगले चुनाव में इन्दिरा गाँधी को मिलाना तय था।

सिंडिकेट की इच्छा थी कि राष्ट्रपति के चुनाव में नीलम संजीव रेड्डी के लिये ह्विप जारी किया जाये जिसके लिये इन्दिरा जी पर दबाव भी डाला गया, परन्तु उन्होंने इनकार कर दिया और खुल्लमखुला घोषणा कर दी कि कांग्रेस पार्टी द्वारा खड़े किये गये उम्मीदवार के लिए वोट देना किसी की बाध्यता नहीं है, लोग स्वयं के विवेक से राष्ट्रपति का चुनाव करें।

परिणाम स्पष्ट था। श्रीमती गाँधी के पक्ष में माहौल पूरी तरह बन चुका था, फलतः रेड्डी की हार हुई और वी.वी. गिरि 20 अगस्त को राष्ट्रपति चुन लिये गये।

'सिंडिकेट' के नेताओं ने 12 नवम्बर 1969 को इन्दिरा गाँधी को अनुशासनात्मक आधार पर पार्टी से ही निष्कासित कर दिया। अब वे प्रधानमन्त्री कैसे रह सकती थीं?

अतः इन्दिरा जी ने कांग्रेस दल को दो भागों में बांट दिया पहला–कांग्रेस (आसर) और दूसरा कांग्रेस (ओ)। पहली कांग्रेस इन्दिराजी की थी, दूसरी 'सिंडिकेटियों' की।

इन्दिरा गाँधी की पार्टी सदस्यों और सांसदों की संख्या कांग्रेस (ओ) से बहुत अधिक थी, अतः वह प्रधानमन्त्री बनी रहीं, साथ ही अपनी पार्टी की अध्यक्ष भी। अब उन पर दबाव डालने वाला कोई नहीं था।

इन्दिरा जी ने मध्यवधिक चुनाव का विचार बना ली थीं इसलिये उन्होंने कुछ और साहसिक कदम उठाये –

1. 1970 में उच्चतम न्यायालय ने बैंकों के राष्ट्रीयकरण को अवैध ठहरा दिया था। इन्दिरा गाँधी को अब क्या दिक्कत थी? राष्ट्रपति अपने थे, अध्यादेश द्वारा बैकों का पुनः राष्ट्रीयकरण कर लिया।

   राष्ट्रीयकरण करने से आम लोगों को जैसे–छोटे व्यापारियों, किसानों, रिक्शावालों और टैक्सी चालकों को कर्ज देने की व्यवस्था की गई जिससे उनकी आर्थिक हालत में सुधार हुआ और श्रीमती गाँधी की लोकप्रियता गरीब और मध्यम वर्ग के लोगों में और बढ़ी।

2. राष्ट्रपति द्वारा जारी अध्यादेश से ही अगस्त, 1970 में राजाओं की मान्यता खत्म कर दी गयी, जिसके फलस्वरूप प्रवी पर्स–जिसके भुगतान में सरकार के करोड़ों रुपये लगते थे–समाप्त हो गया। यह एक बहुत बड़ा जनवादी

कदम था, जिससे देश की जनता इन्दिरा गाँधी को ग रीबों और मध्यम वर्गीय लोगों का मसीहा समझने लगी।

3. भूमि-हदबंदी ज ोर-शोर से लागू की गयी, जिससे किसानों को बहुत लाभ पहुँचा। देश की 80% जनता गाँव में बसती है। जिसमें 70% कृषि पर ही आधारित है। इन्दिरा गाँधी का वोट बैंक अप्रत्याशित रूप में बढ़ा।

4. इन्दिरा गाँधी ने अपने पिता पं. जवाहरलाल नहेरू द्वारा आरम्भ की गयी पंचवर्षीय योजनाओं को सफलतापूर्वक क्रियान्वित करना आवश्यक समझा। चौथी पंचवर्षीय योजना अधर में लटकी हुई थी। वह पुनः चालू की गयी। इसकी विशेषता यह रही कि इसके लिए वित्तीय व्यवस्था तीसरी पंचवर्षीय योजना का तुलना में दो गुनी कर दी गयी।

इन्दिरा जी द्वारा किये गये इन कार्यों से चुनावी माहौल उनके पक्ष में हो गया। वर्तमान लोकसभा में इन्दिरा गाँधी के सांसदों की संख्या विधेयक आदि को पारित कराने के लिए पर्याप्त नहीं थी और दूसरी पार्टियों का सहारा लेना पड़ता था।

इन्दिरा जी ने अपने साहस का परिचय देते हुए एक और महत्वपूर्ण कदम उठाया और 27 दिसम्बर 1970 को ही लोकसभा भंग कर दी गयी और समय से एक वर्ष पूर्व ही लोगसभा का चुनाव कराने का निर्णय ले लिया गया।

1971 का आम चुनाव

सन् 1971 में हो रहे लोकसभा के इस चुनाव में विपक्षी दलों के पास प्रचार-प्रसार करने हेतु कोई खास मुद्दा नहीं रह गया था। वे इस आकस्मिक झटके का अनुमान भी नहीं लगा सके थे।

कांग्रेस (ओ), समाजवादी पार्टी, स्वतन्त्र पार्टी तथा जनसंघ ने एक सिद्धान्तहीन गठबन्धन बनाया, जिसका नाम उन्होंने 'ग्रैन्ड एलायन्स' दिया। यह एक अवसरवादी गठबन्धन के सिवा कुछ नहीं था।

चुनावी प्रचार-प्रसार में इस प्रमुख गठबन्धन दल ने अपना एकमात्र नारा 'इन्दिरा गाँधी हटाओ' दिया तथा अपने भाषणों में इसके सदस्यों ने मात्र इन्दिरा गाँधी की आलोचना की तथा सारे राजनीतिक सिद्धान्तों को ताक पर रख गाली-गलौज की भाषा पर उतरे। उन्होंने श्रीमती गाँधी के चरित्र-हनन में भी कुछ कसर नहीं छोड़ा।

विपक्षी दलों के इन करतूतों के खिलाफ इन्दिा जी और उनके अन्य प्रचारकों ने संयमित भाषा का सहारा लिया। विरोधियों के नारे 'इन्दिरा हटाओं' के बदले

'ग रीबी हटाओ' का नारा इन्दिरा गाँधी ने दिया। यह नारा लोगों को भा गया। ग रीबी हटाने की दिशा में इन्दिरा गाँधी कई सकारात्मक कदम उठा चुकी थीं।

सम्पूर्ण भारत की जनता इन्दिरा जी में ही विश्वास करती थी, जिसका परिणाम यह हुआ कि इन्दिरा जी व उनकी पार्टी पुनः चुनाव में विजयी हुई। संसद के 518 सीटों में उन्हें 352 सीटें प्राप्त हुईं। श्रीमती गाँधी को बहुप्रतीक्षित दो-तिहाई बहुमत संसद में प्राप्त हो गया। अब वह आवश्यक विधेयक ही नहीं पारित करा सकती थीं, बल्कि आवश्यकतानुसार संविधान में संशोधन भी कर सकती थीं। ऐसी स्थिति में उच्चतम न्यायालय भी उनके क्रान्तिकारी कदमों में आड़े नहीं आ सकता था। तथाकथित 'ग्रैन्ड एलायन्स', जिसने चुनाव प्रचार के समय इन्दिरा गाँधी के प्रति घोर नकारात्मक रुख अपनाया था, जनता की दृष्टि में गिर गया और उसे भारी क्षति पहुँची। मगर कुछ पार्टियाँ अच्छा कर सकीं, तो वे थीं सी.पी.आई., सी.पी.एम. तथा डी.एम.के.। इनमें दो, अर्थात् सी.पी.आई. और डी.एम.के. इन्दिरा गाँधी के साथ ही थीं।

इस महत्त्वपूर्ण चुनाव में जनता ने जातिवाद, सम्प्रदायवाद, क्षेत्रवाद आदि से ऊपर उठकर इन्दिरा गाँधी को वोट दिया था। राज्यों में गठबन्धन सरकारों का आना-जाना भी जनता को नहीं पसन्द आया था और वह केन्द्र में एक स्थायी सरकार देना चाहती थी। श्रीमती गाँधी अब देश की, एक प्रकार से सर्वाधिक शक्ति सम्पन्न नेता बन चुकी थीं। अन्तर्राष्ट्रीय स्तर पर भी उनका स्तर और बढ़ा। गुटनिरपेक्ष देशों में भी भारत का मान बढ़ा और सभी नव-स्वतन्त्र तथा विकासशील एवं अविकसित देश इन्दिरा गाँधी की ओर आशा की दृष्टि से देखने लगे।

आपातकाल की घोषणा

इन्दिरा जी और उनकी सरकार की प्रसिद्धि अपने चरम पर थी कि अचानक सभी परिस्थितियां उनके खिलाफ जाने लगीं ग रीब वर्ग, महिलाएँ तथा छोटे व्यापारी तो उनके साथ थे, पर मध्यम वर्ग, बड़े पूँजीपति, व्यवसायी तथा राजे रजवाड़े, जिनके विरुद्ध इन्दिरा गाँधी ने कार्रवाई की थी, उनके घोर विरोधी हो गये थे। मध्यम वर्ग का मोह-भंग उपभोक्ता वस्तुओं की कीमतों में बेतहाशा वृद्धि के कारण हुआ था। बांग्लादेश की मुक्ति के लिए युद्ध तथा वहाँ के प्रायः एक करोड़ शरणार्थियों को शरण देने से भारत की अर्थव्यवस्था चरमरा गयी थी। अन्तर्राष्ट्रीय बाज ार में पेट्रोलियम पदार्थों की कीमतों में वृद्धि के कारण भारत में भी पेट्रोल, डीजल आदि की कीमतों में आकस्मिक रूप से कई गुना वृद्धि हुई। लगातार दो सालों (1972-1973) तक

बारिश न होने के कारण खाद्यान्नों का उत्पादन बुरी तरह प्रभावित हुआ और देश के कई भागों में अकाल की स्थिति उत्पन्न हो गयी। देश के इन हिस्सों में अनाज के लिए दंगे भी होने लगे।

देश का विदेशी मुद्रा भण्डार लगभग पूरी तरह रिक्त हो गया। कीमतों में वृद्धि का यह आलम था कि 1972-73 में वे 22% बढ़ गयी। बेरोज गारी की समस्या विकराल रूप में मुँह बाये खड़ी थी; क्योंकि घोर आर्थिक मन्दी के कारण कई उद्योग ठप्प पड़ गये थे अथवा उनकी उत्पादन क्षमता घटा दी गयी थी। ऐसे में नौकरियाँ कहाँ मिलतीं? जो नियुक्त थे, वे भी महँगाई से तंग आकर अपने वेतन और अन्य सुविधाओं में वृद्धि के लिए आन्दोलन कर रहे थे। ऐसा सबसे बड़ा आन्दोलन था—1974 का देशव्यापी रेल हड़ताल। यह 22 दिनों तक चला और अन्ततः सरकार ने इसे बलपूर्वक तोड़ दिया। इसे तोड़ने में तत्कालीन रेलमन्त्री ललित नारायण मिश्रा का महत्त्वपूर्ण योगदान था। रेल कर्मचारियों पर सरकार का दमन चक्र बुरी तरह चला। हज ारों से उनके आवास बलात् खाली कराये गये। हज ारों अस्थायी कर्मचारियों को अपनी नौकरी से हाथ धोना पड़ा। शायद इसी के फलस्वरूप बिहार के समस्तीपुर रेल स्टेशन पर आयोजित एक सभा में श्री ललित नारायण मिश्रा को बम धमाके का सामना करना पड़ा और उन्होंने अस्पताल में दम तोड़ दिया। इन्दिरा गाँधी मज दूर वर्ग में पूरी तरह अलोकप्रिय हो गयीं।

इसी तरह शनै-शनै इन्दिरा जी और उनकी सरकार के खिलाफ शुरू हुआ आन्दोलन तेज होने लगा उन्हें हवा दी सरकार में ऊपर से लेकर नीचे तक फैले भ्रष्टाचार ने। भ्रष्टाचार के आरोप ने श्रीमती गाँधी को भी उनके पुत्रमोह में लपेट लिया। उनका छोटा एवं दूसरा लड़का संजय गाँधी सत्ता का नया एवं असंवैधानिक केन्द्र बन चुका था। हद तो तब हो गयी, जब संयज गाँधी को उनकी तकनीकी एवं आर्थिक पृष्ठभूमि पर ध्यान दिये बिना प्रति वर्ष 50,000 (पचास हज ार) मारुति कारों के निर्माण का लाइसेंस दे दिया गया। इन्दिरा गाँधी पर परिवार मोह का आरोप लगा और जनता में उनकी लोकप्रियता का ग्राफ बुरी तरह नीचे गिरा। विरोधी पार्टियों ने भी इस अवसर का जमकर लाभ उठाया और वे आन्दोलनकारियों के साथ हो गये।

गुजरात का आन्दोलन

इन्दिरा जी और उनकी सरकार के खिलाफ विरोधी राजनीति और असन्तोष से जो आन्दोलन शुरू हुआ था वह सबसे पहले गुजरात में बहुत ही उग्र रूप ले लिया था। यह अनियन्त्रित तब हो गयी, जब इसने छात्र अन्दोलन का रूप ले लिया और

विपक्षी पार्टियाँ छात्रों के साथ हो गयीं। 1974 के जनवरी मास में आरम्भ यह अराजक स्थिति प्रायः ढाई माह तक चली। लूटपाट, आगजनी, हड़ताल और जुलूसों का दौर समाप्त होने का नाम नहीं ले रहा था। विवश पुलिस को व्यवस्था कायम करने के लिए लाठीचार्ज का प्रयोग करना पड़ा। आन्दोलनकारियों ने विधानसभा सदस्यों का त्याग-पत्र देने के लिए बाध्य करना आरम्भ किया।

आन्दोलनकारियों ने आन्दोलन की आग को घर-घर तक पहुँचाने हेतु एक अनूठा उपाय अपनाया। थालियों पर चिमटे से रात में आवाज की जाने लगी और एक घर के बाद दूसरे घर से फूटती यह आवाज रात की शान्ति को भेदकर जैसे पूरे राज्य में व्याप्त हो गयी। यह सरकार को जड़-मूल से उखाड़ने के लिए एक मनहूस आह्वान के अतिरिक्त कुछ नहीं था। आग में घी डालने के लिए इन्दिरा गाँधी के घोषित शत्रु मोरारजी देसाई आमरण अनशन पर बैठ गये।

इस आन्दोलन से देश की स्थिति इतनी भयानक हो गयी कि इन्दिरा जी को मजबूरन झुकना पड़ा और उसके पूर्व कि राज्य सरकार बाध्य होकर घुटने टेक दे, इन्दिरा गाँधी ने पहले तो विधानसभा को निलम्बित कर राज्य में राष्ट्रपति शासन लागू किया और जब उससे भी बात नहीं बनी, तो उन्होंने विधानसभा को भंग कर दिया और जून में नये सिरे से चुनाव की घोषणा कर दी। विरोधियों और आन्दोलनकारियों ने इसे अपनी सफलता मानी और केन्द्र सरकार की दुर्बलता। असंवैधानिक हथकंडों को अपनाकर एक निर्वाचित सरकार को ध्वस्त कराने में मिली इस सफलता ने श्रीमती गाँधी के विरुद्ध अन्य राज्यों में भी मोर्चा खोलने के लिए उनके विरोधियों का मनोबल बढ़ा दिया। इसका प्रथम प्रतिफल लक्षित हुआ बिहार में।

बिहार का आन्दोलन

बिहार राज्य आन्दोलनों के लिए स्वतन्त्रता पूर्व से ही प्रसिद्ध है। महात्मा गाँधी ने भी सत्याग्रह का अपना प्रथम पाठ इसी राज्य के चम्पारण जिले में पढ़ा था। बिहार नहीं होता, तो मोहनदास करमचन्द गाँधी महात्मा गाँधी नहीं बनते और भारत की शीघ्र स्वतन्त्रता प्राप्ति का सेहरा भी उनके सिर नहीं बँधता। इसी बिहार से वहाँ के डॉ. राजेन्द्र प्रसाद, चम्पारण सत्याग्रह के समय ही गाँधी के समीप आये थे और उनकी यह राजनीतिक यात्रा भारत के प्रथम राष्ट्रपति के पद तक पहुँचकर समाप्त हुई थी। इन्दिरा गाँधी को भी आपातकाल नहीं लगाना पड़ता, अगर बिहार में गुजरात से भी बदतर आन्दोलन नहीं छिड़ता और बिहार के ही प्रसिद्ध समाजवादी नेता और नेहरू के घोर शत्रु जय प्रकाश नारायण ने इसे प्रायः राष्ट्रव्यापी नहीं बना दिया होता।

बिहार में भड़के इस आन्दोलन की शुरुआत विद्यार्थी आन्दोलन के रूप में हुई थी। 18 मार्च 1974 को छात्रों ने विधानसभा का घेराव कर अपने आन्दोलन को तीव्र किया। पुलिस भी लाठी-गोली चलाने में पीछे नहीं रही, जिसके फलस्वरूप आन्दोलन हिंसक हो गया। विपक्षी दल भी बहती गंगा में हाथ धोने से कहाँ चूकने वाले थे? वे खुलकर छात्रों के साथ लग गये। राजधानी पटना में आन्दोलन सर्वाधिक तीव्र रहा। आन्दोलनकारियों एवं पुलिस की मुठभेड़ में एक सप्ताह के अन्तर्गत ही प्रायः 27 से अधिक लोग हताहत हुए।

जे.पी. (जय प्रकाश नारायण) जो वर्षों पूर्व सक्रिय राजनीति से संन्यास लेने की घोषणा कर चुके थे और एक निष्क्रिय व्यक्ति के रूप में पटना के कदमकुआँ मोहल्ले में चरखा संघ के कार्यालय में आवास बनाकर बैठे थे, सहसा राजनीति में पूरी तरह सक्रिय हो गये। वह इस आन्दोलन के नेतृत्व के लिए खड़े हो गये। छात्रों और सम्पूर्ण राज्यवासियों को उन्होंने सरकार का बहिष्कार करने, 'टैक्स' नहीं देने, समानान्तर सरकार गठन करने के लिए उकसाया। गुजरात के तौर पर यहाँ भी विधायकों को घेरकर उनसे त्याग-पत्र दिलाने का मुहिम चला।

गुजरात की तरह बिहार में भी आन्दोलन को उग्र बनाने के लिए आन्दोलनकारियों ने रात होते ही घर-घर जाकर थालियां पीटना प्रारम्भ कर दिया। इन पंक्तियों का लेखक उन दिनों पटना में ही था और उसने स्वयं निरन्तर कई रातों तक यह आवाज सुना था। वह सरकारी अधिकारी था, उसके यहाँ थालियाँ क्या बजतीं, पर मोहल्ले के प्रायः हर घर में यह विचित्र वाद्य-स्वर रात घिरते ही प्रखर हो उठता था। बिहार में गोवर्द्धन (गोधन) पूजा की पूर्व रात्रि में 'दरिद्रा' (दरिद्रता) भगाने के लिए सूप (अनाज फटकने का बाँस से बुना एक साधन) पीटा जाता है। उसी परम्परा में सरकार को भगाने के लिए चिमटे से थाली पीटी जा रही थी।

इन्दिरा जी ने जो गलती गुजरात में की थीं वो यहां नहीं करना चाहती थीं उन्होंने बिहार सरकार को भंग न करने का फैसला किया। वह उचित ही समझती थीं कि वह एक बार पुनः झुक गयीं, तो बिहार की तरह ही माँग अन्य राज्यों एवं केन्द्र तक में दोहराई जायेगी। बिहार में, जे.पी. के बावजूद या आन्दोलन धीरे-धीरे समाप्ति के कगार पर पहुँच रहा था कि विरोधियों को एक और मुद्दा हाथ लग गया।

12 जून 1975 को, समाजवादी पर विवादास्पद नेता राज नारायण की इन्दिरा गाँधी के चुनाव के विरुद्ध दाख़िल एक याचिका की सुनवाई कर इलाहाबाद न्यायालय के न्यायमूर्ति श्री सिन्हा ने श्रीमती गाँधी के चुनाव को रद्द कर दिया।

न्यायालय ने छह वर्षों तक चुनाव लड़ने के लिए उन्हें अयोग्य भी करार कर दिया। इसका निहितार्थ यह था कि वह छह वर्षों तक किसी निर्वाचित पद पर भी नहीं रह सकती थीं। अतः, उनका प्रधानमन्त्री बने रहना भी असम्भव था। उच्चन्यायालय ने उन्हें सर्वोच्च न्यायालय में अपील करने का समय दिया था और उन्होंने अपील भी की, पर विरोधी पुनः जे. पी. के नेतृत्व में एक हो गये और नैतिक आधार पर श्रीमती गाँधी से त्याग-पत्र माँगने लगे। श्रीमती गाँधी ने ऐसा करने से इनकार कर दिया।

उच्चतम न्यायालय ने इस अपील पर सुनवाई करने के लिए 14 जुलाई का दिन निर्धारित किया। इस मध्य अवकाशकालीन एक न्यायमूर्ति ने यह निर्णय सुना दिया (24 जून 1975 को) कि निर्धारित सुनवाई के फैसले तक वह प्रधानमन्त्री बनी रह सकती हैं, संसद में बोल भी सकती हैं, पर अपना मत डालने का उन्हें अधिकार नहीं होगा। विपक्षियों ने मत नहीं देने की बात को ही मुद्दा बनाया और 14 जुलाई को सर्वोच्च न्यायालय में होने वाली सुनवाई तक भी उनका सब्र नहीं रहा।

जे.पी. नारायण ने पूरे भारत में घूम-घूम कर इन्दिरा जी व उनकी पार्टी के खिलाफ निन्दात्मक प्रचार करना शुरू कर दिया, जिससे यह आन्दोलन बिहार से बढ़ पूरे देश में फैल गया। उन्होंने दिल्ली में भी भाषण दिया, जहाँ पर अच्छी-खासी भीड़ एकत्रित थी। उनके पक्ष में बुद्धिजीवियों का एक हिस्सा तथा व्यापारियों, मध्यम वर्ग के लोगों तथा छात्रों का एक बड़ा भाग था। उन्होंने उत्तर भारत के अन्य हिस्सों का– जहाँ समाजवादियों या जनसंघ के गढ़ थे– भ्रमण किया। उन्होंने संवैधानिक प्रावधानों को धत्ता बताते हुए सरकारी अधिकारियों, यहाँ तक कि सशस्त्र सेनाओं और पुलिस को भी बगावत करने के लिए प्रेरित किया। उन्होंने खुलकर कहा कि जो सरकारी आदेश अनुचित और गैर-कानूनी हो अथवा उनके कर्तव्यों से पृथक् हों, उनका वे पालन नहीं करें। यह देश में अराजकता फैलाकर असवैधानिक तरीके से तख्ता पलटने की तैयारी थी। जे. पी. के समान व्यक्ति–जो अपने को पहले गाँधीवादी कहते नहीं थकते थे–के लिए ऐसा आचरण कदापि शोभनीय नहीं था। उनके आन्दोलन का एकमात्र उद्देश्य इन्दिरा गाँधी हटाओ था। कोई रचनात्मक योजना नहीं थी। इस उम्र में जब उनके अन्दर त्याग की भावना प्रबल होनी चाहिए थी, वे नेतृत्व की लालसा और बदले की भावना से भर आये थे। निश्चित ही पं. नेहरू के कारण उन्हें काँग्रेस छोड़कर बाहर होना पड़ा था; क्योंकि नेहरू के सामने उनका कद इतना छोटा था कि प्रधानमन्त्री बनने का उनका स्वप्न कभी भी साकार नहीं हो सकता है। अब बाप का बदला बेटी से लेना उनके लिए कदापि शोभनीय नहीं था।

जय प्रकाश नारायण द्वारा प्रारम्भ किया गया यह आन्दोलन 25 जून, 1975 को बहुत ही भयानक रूप ले लिया और यह तय किया गया कि जनता, राष्ट्रव्यापी सविनय अवज्ञा आन्दोलन आरम्भ करे। प्रधानमन्त्री का निवास घेर लिया जाये और वहाँ से न किसी को बाहर आने दिया जाये और न उसके अन्दर भी किसी को जाने दिया जाये। मोरारजी देसाई ने एक साक्षात्कार में कहा कि हम उन्हें उलट फेंकना चाहते हैं। हम हजारों की संख्या में उनके आवास को घेर लेंगे। हम रात-दिन धरना देंगे और उनसे त्याग-पत्र लेने के लिए नारे लगाते रहेंगे।

विपक्ष की इस योजना का परिणाम भयंकर नर-मेध में होता। प्राधानमन्त्री अपने आवास में कैद नहीं रह सकती थीं। उनका खाना-पीना और जीना भी मुश्किल हो सकता था। ऐसी स्थिति में पुलिस क्या सेना को भी बुलाना पड़ सकता था। हजारों-हजार लोग जब घेराव में सम्मिलित होते, तो गोली-बारी में सैकड़ों की मृत्यु अवश्य हो जाती। कोई भी सरकार ऐसी स्थिति को बर्दाश्त नहीं कर सकती थी। इन्दिरा गाँधी ने एक तरह से विवश होकर 26 जून 1975 की सुबह आपातकाल की घोषणा कर दी। वस्तुतः आधी रात को ही इस सम्बन्ध में राष्ट्रपति फख़रुद्दीन अली अहमद से इन्दिरा गाँधी ने हस्ताक्षर ले लिया था। इसकी चर्चा भी बहुत रही कि बूढ़े राष्ट्रपति को आधी रात में जगाकर हस्ताक्षर लिया गया।

आपातकालीन स्थिति को लागू करने के फलस्वरूप जे. पी, मोरारजी देसाई सहित अनेक छोटे-बड़े नेता गिरफ्तार कर जेल में डाल दिये गये। आपातकाल के दौरान कम-से-कम एक लाख लोग गिरफ्तार हुए। केवल राजनीतिक व्यक्ति ही नहीं, सरकार ने जमाखोरों, तस्कारों और अन्य गुंडा-तत्त्वों को भी सीख़चों के पीछे किया। सरकार का एक उद्देश्य यह भी था कि अपराधिक-तत्त्वों को समाप्त किया जाये और ढीले-ढाले प्रशासनिक तन्त्र को पूरी तहर दुरुस्त किया जाये। कई सरकारी कर्मचारी निलम्बित भी हुए। अब सरकारी कार्यालयों में बाबू एवं अधिकारी समय से आने-जाने लगे। आतंक ही सही, लेकिन उसके बल पर प्रायः सर्वत्र अनुशासन व्याप्त हो गया। रेलगाड़ियाँ भी समय से चलने लगीं।

आपातकाल लगाने से लाभ होने के साथ-साथ हानि भी बहुत ज्यादा हुई मासूम जनता पर काफी अत्याचार किया गया इसका मुख्य कारण श्रीमती गाँधी के छोटे बेटे संजय गाँधी को इस दौरान अत्यधिक एवं असंवैधानिक शक्ति प्राप्त हो जाना था। संजय गाँधी ने कुछ अच्छे कार्यक्रम सामने रखे, लेकिन उनका क्रियान्वयन उचित तरीके से नहीं हो सका। उदाहरण के लिए, संजय गाँधी का ज ोर जनसंख्या

नियन्त्रण पर था। अधिकारियों के लिए लक्ष्य निर्धारित कर दिया गया। इस लक्ष्य की प्राप्ति के लिए कुछ अति उत्साही अधिकारियों ने भोली-भाली जनता पर जुल्म ढाये। यहाँ तक कि वृद्धों और किशोरों की भी नसबन्दी कर दी गयी। कई स्थानों पर तो ऐसा भी हुआ कि नसबन्दी के पश्चात् कोई देखभाल नहीं हुई तथा हड़बड़ी में ग लत तरीके से ऑपरेशन किये गये। इसके फलस्वरूप कई लोग बीमारी अथवा मौत के शिकार हो गये।

देश के अनेक प्रदेशों में वहां के मुख्यमन्त्रियों ने आपातकाल का गलत उपयोग किया तथा शत्रुता और बदले की भावना से भी काम लिया। अतः, निर्दोष लोग भी जेलों में बन्द कर दिये गये। कुछ ख़ैर-ख़्वाह अधिकारियों ने भी अपनी सीमाओं से बाहर जाकर जनता को उत्पीड़ित किया।

आपातकाल के दौरान समाचार पत्रों और रेडियों पर पूरी तरह प्रतिबन्ध लगा दिया गया जो नाराजगी का प्रमुख कारण था। समाचारों के सेन्सर के लिए सरकारी समीतियाँ बनी थीं, जो सरकार के विरुद्ध कुछ भी नहीं छपने देती थीं। कहाँ क्या हो रहा है, इसका पता जनता को नहीं लगता था। मौलिक अधिकार प्रायः समाप्त हो गये थे और लोग 'मिसा' के अन्तर्गत बिना मुकदमा चलाये अनिश्चित काल के लिए जेल में डाल दिये जाते थे।

आपातकाल के समय में हुए अत्याचार से जनता के बीच इन्दिरा गांधी की लोकप्रियता बहुत कम हो गई। इन्दिरा गाँधी ने आपातकाल की घोषणा करते हुए यह कहा था कि स्थिति के सामान्य होते ही आपातकालीन स्थिति समाप्त कर दी जायेगी।

इन्दिरा जी जनता की सच्चाई से पूरी तरह वाकिफ नहीं हो पाईं और आपातकाल के दौरान अत्याचार होता रहा। कुछ और भी महत्त्वपूर्ण कार्य सरकार ने जनता के लिए करने का प्रयास किया। ग रीबों के विकास के लिए बीस सूत्री कार्यक्रमों की घोषणा की गयी, जिनसे सम्पूर्ण ग्रामीण जनता का आर्थिक और सामाजिक उत्थान हो सकता था। इस कार्यक्रम में भूमिहीन मज दूरों, ग्रामीण कारीग रों तथा लघु कृषकों के कज ों को रद्द करने का वादा किया गया। भूमिहीन मज दूरों और दुर्बल वर्गों के लोगों को आवास निर्माण के लिए भूमि उपलब्ध कराने, कृषि-मज दूरों की न्यूनतम मज दूरी निर्धारित करने, हस्ताशिल्प-सम्बन्धी उद्योगों, विशेषकर हथकरघा उद्योग को विशेष आर्थिक सहायता प्रदान करने, मुद्रा स्फीति को नियन्त्रित करने की बात की गयी। यह मानना होगा कि बीस सूत्री कार्यक्रम को लागू करने के लिए गम्भीर प्रयास किये गये। इन प्रयासों का कुछ परिणाम भी निकला। उदाहरण के

लिए, दलितों और भूमिहीनों को प्रायः 30 लाख आवास स्थल प्रदान किये जा सके। प्रायः 11 लाख एकड़ ज मीन भूमिहीनों में वितरित की गयी।

आपातकाल से सरकार को जितनी उपलब्धि मिली कहीं उससे अधिक अत्याचार हुए। परिवार नियोजन के विषय में पहले ही जानकारी दी जा चुकी है। झुग्गी-झोंपड़ी उजाड़ने और अवैध ढाँचों को गिराने का कार्य भी क्रूरता-पूर्वक सम्पन्न हुआ। दिल्ली के तुर्कमान गेट और जामा मस्जि द के आसपास लोगों के वासस्थलों और दुकानों को 'बुलडोज र' से रौंद देने की घटना की भी बहुत आलोचना हुई। इस कार्य के पीछे भी संजय गाँधी का हाथ था। आपातकालीन स्थिति 19 महीनों तक चली। जबकि इसे इसके पहले भी समाप्त किया जा सकता था, उस स्थिति में ज्यादतियाँ बहुत नहीं होतीं।

इन्दिरा जी पर चापलूस वर्ग हावी हो गये उन्हें झूठी जानकारी देते रहे कि आपातकाल के कारण उनकी लोकप्रियता जनता में बहुत बढ़ी है। श्रीमती गाँधी ने इस तथाकथित लोकप्रियता का लाभ उठाना चाहा और अचानक 18 जनवरी 1977 को यह घोषणा कर दी कि मार्च 1977 में लोकसभा के चुनाव सम्पन्न होंगे, यद्यपि दो महीने पूर्व ही 1976 में उन्होंने चुनावों को एक वर्ष के लिए टाल दिया था। श्रीमती गाँधी ने निश्चित ही अपनी मिथ्या लोकप्रियता का लाभ उठाने के लिए अधिक अवसर नहीं देना चाहा। चुनाव की घोषणा के साथ-ही-साथ राजनीतिक बन्दियों को जेलों से बाहर कर दिया गया, मीडिया की स्वतन्त्रता वापस कर दी गयी। राजनीतिक दलों को सभाएँ करने तथा चुनाव सम्बन्धी प्रचार-प्रसार करने की स्वतन्त्रता भी उपलब्ध हो गयी।

इन्दिरा जी ने जिस प्रकार सोचा था सब कुछ उसके विपरीत हुआ। जेल से निकले, दाढ़ी-मूँछ बढ़ाये नेता जनतप के मध्य जाकर अपने पर हुए अत्याचारों का वर्णन करने लगे। जनता भी आपातकाल की ज्यादतियों से पीड़ित थी, अतः चुनाव में इन्दिरा गाँधी की पार्टी बुरी तरह पराजित हुई। विपक्षियों ने, जिनमें जनसंघ, समाजवादी पार्टी, कांग्रेस (ओ), भारतीय लोकदल आदि सम्मिलित थे, अपनी एक नयी पार्टी 'जनता पार्टी' के नाम से खड़ी की। इस पार्टी को डी.एम.के., अकाली दल तथा साम्यवादी पार्टी (एम) का भी सहयोग मिला। इन्दिरा गाँधी को एक धक्का यह भी लगा कि उनके समीपी जगजीवन राम,, जो दलितों और हरिजनों पर पर्याप्त प्रभाव रखते थे, उनसे अलग हो गये। साथ में दो प्रभावशाली नेता नंदिनी सत्पथी तथा बहुगुणा भी पृथक् हो गये।

चुनाव 16 मार्च को सम्पन्न हुए। चुनाव प्रक्रिया में सरकारी मशीनरी का कोई दुरुपयोग नहीं हुआ। मतदान निष्पक्ष और स्वतन्त्र तरीके से सम्पन्न हुए।

1977 का लोकसभा चुनाव और उसका प्रतिफल

भारतीय जनता आपातकाल के दौरान हुए अत्याचार से इन्दिरा जी से काफी नाराज थी, इसलिए उन्होंने चुनाव में लाभकारी कार्यक्रमों से हुए फायदों को भूलते हुए अपने ऊपर हुई ज्यादतियों पर ध्यान दिया, साथ ही वह विरोधी नेताओं के भुलावे में भी आ गयी कि जनता पार्टी की सरकार बनने पर उन्हें अधिक स्वतन्त्रता प्राप्त होगी तथा उनकी आर्थिक हालत में सकारात्मक परिवर्तन आयेगा। उसने यह नहीं देखा कि जनता पार्टी ऐसा पार्टियों का संगठन थी, जिनके सिद्धान्त सर्वथा भिन्न थे। उदाहरण के लिए, जनसंघ और साम्यवादी पार्टी के मध्य कब तक मेल रहने वाला था? इन्दिरा जी को चुनाव सम्पन्न होते ही यह ज्ञात हो गया कि जनता के बीच उनकी क्या स्थिति है उनकी चुनाव-सभाओं में अपेक्षा से बहुत कम भीड़ होती थी तथा जनता पार्टी की सभाओं में लोग अधिक संख्या में जुटते थे। चाटुकार इन्दिरा गाँधी को अब भी आश्वस्त करने में लगे थे कि विजय उन्हीं की पार्टी की होगी। श्रीमती गाँधी अब इस भुलावे में आने से रहीं।

चुनाव का नतीजा सामने आते ही सभी लोग अचम्भित हो गये। जनता पार्टी और उसके सहयोगियों को 542 में से 330 सीटें प्राप्त हो गयीं। इन्दिरा गाँधी की पार्टी की ऐसी दुर्दशा हुई कि उसे मात्र 154 सीटें ही प्राप्त हो सकीं। दुर्भाग्य यह था कि इस चुनाव में श्रीमती गाँधी और उनके छोटे पुत्र संजय भी पराजित हो गये। उत्तर भारत में कांग्रेस का सफाया ही हो गया। उत्तरी भारत के सात राज्यों की 234 सीटों में से कांग्रेस को मात्र दो सीटें प्राप्त हुईं। यहाँ यह भी उल्लिखित कर देना आवश्यक है कि आपातकाल का प्रभाव उत्तर भारत में ही ज्यादा पड़ा था। दक्षिण भारत में बहुत मनमानी और ज्यादती नहीं हुई थी, बल्कि 20 सूत्री कार्यक्रमों को वहाँ ज्यादा प्रभावशाली ढंग से लागू किया गया था। कांग्रेस का प्रदर्शन यहाँ 1971 के चुनाव की अपेक्षा अधिक अच्छा रहा। उस समय मात्र 70 सीटें मिली थीं। इस बार 92 सीटें प्राप्त हुईं।

जनता पार्टी की तरफ से प्रधानमंत्री बनने के लिए प्रमुख रूप से तीन दावेदार थे—मोराराजी देसाई, जगजीवन राम तथा चरण सिंह। तीनों में कोई पीछे हटने को प्रस्तुत नहीं था। जयप्रकाश नारायण स्वभावतः अपने जीवन की सर्वाधिक प्रसन्नता के दौर से गुज र रहे थे। अब वह 'किंग-मेकर' की भूमिका में आ गये थे। उनके परामर्श से ही मोरारजी देसाई को 23 मार्च 1977 को प्रधानमन्त्री बना दिया गया। देसाई की उम्र उस समय 81 वर्ष की थी।

सत्ता परिवर्तन में जयप्रकाश ने मोरारजी देसाई का समर्थन किया था

सन् 1975 में इन्दिरा जी ने देश में आपातकाल लगाया। इस दौरान पूरे देश में उनकी तीखी आलोचना हुई, जिसका विपक्षी दलों ने पूरा फायदा उठाया। इन्दिरा जी का विरोध करने वाले सभी दलों ने मिलकर एक पार्टी का निर्माण किया जिसे जनता पार्टी कहा गया। इन लोगों का लक्ष्य था कि हर हाल में इन्दिरा जी को पराजित करना है। इन्दिरा गाँधी से सम्बन्धित आलेख में जनता पार्टी के निर्माण की चर्चा हुई और इस बात की भी कि जयप्रकाश नारायण के नेतृत्व में उनके विरुद्ध जो आन्दोलन चला, उसके फलस्वरूप श्रीमती गाँधी मार्च 1977 के चुनावों में पराजित हो गयीं। जनता पार्टी सत्तारूढ़ हुई। प्रधानमन्त्री के दावेदार कई थे, लेकिन जयप्रकाश नारायण के वरदहस्त के कारण श्री मोरारजी देसाई प्रधानमन्त्री के पद पर आसीन हुए। 81 वर्षीय मोरारजी देसाई इतने बड़े देश के शासन-सूत्र को कैसे सँभाल सकते थे, यह समझने की बात है, किन्तु देश की मीडिया जो आपातकाल के कारण श्रीमती गाँधी से प्रायः पूरी तरह कट गयी थी, ने मोरारजी देसाई को भरपूर उछाला। उनकी ईमानदारी और परिश्रम की बातें बढ़-चढ़कर की गयीं। सिर झुकाए फाइल निपटाते मोरारजी के चित्र अख़बारों में प्रमुखता से प्रकाशित हुए। सचमुच ऐसा लगा कि कोई देवदूत ही प्रधानमन्त्री की कुर्सी पर आसीन हो गया। देसाई जी से सम्बन्धित इस सच्चाई को नकारा नहीं जा सकता कि उनकी ईमानदारी अनुकरणीय थी और उस पर कोई प्रश्न चिह्न नहीं लगा सकता था, किन्तु जहाँ तक उनके द्वारा परिश्रम करने की बात थी, यह अतिशयोक्तिपूर्ण थी। उम्र का तकाजा था कि वे यथा प्रचारित घण्टों तक कार्य नहीं कर सकते थे।

मोरारजी देसाई के प्रधानमन्त्रित्व काल के दौरान लोगों में एक चर्चा बहुत प्रचलित थी कि पूर्वाह्न में देसाई प्रधानमन्त्री होते थे, अपराह्न में कोई और तथा रात्रि में कोई और। मोरारजी देसाई दुबले-पतले व्यक्तित्व के थे और इस उम्र में भी अपनी लम्बाई के बावजूद, झुके नहीं थे। केन्द्र में जब जनता पार्टी की सरकार बनी तब राज्यों की कांग्रेस सरकारों को भी बरखास्त कर दिया तथा जून 1977 में विधान सभा चुनाव हुए।

देसाई जी से सम्बन्धित अनेक बाते अविस्मरणीय है यह उस सयम की बात है जब मोरारजी देसाई अन्न नहीं ग्रहण करते थे। उनके आने के पूर्व प्रधानमन्त्री कार्यालय से एक-दो पृष्ठों का परिपत्र आ गया था, जिसकी पहली पंक्ति यही थी कि प्रधानमन्त्री किसी प्रकार का अन्न नहीं ग्रहण करते। आगे लिखा था कि वे थोड़ा

दूध, मौसमी फलों का रस तथा कुछ सूखे फल (मेवे) मात्र ग्रहण करते थे। वहां उपस्थित कर्मचारियों ने एक थाल में इन सब वस्तुओं को सज्जित किया। एक गिलास दूध, दो-तीन गिलास फलों के रस तथा दो-तीन प्रकार के मेवे थाली में रखे गये। कर्मचारी मोरारजी देसाई के कक्ष में गया, उन्होंने उस थाल से थोड़े से मेवे, मात्र एक गिलास रस और दूध का एक गिलास लिये। उनके दिन-भर का नाश्ता और भोजन यहीं था।

देसाई जी को दरभंगा में एक चुनावी सभा को सम्बोधित करना था वहां बना मंच काफी ऊंचा था। कई सीढ़ियों पर चढ़कर उस मंच पर पहुँचना होता था। इसमें 81 वर्ष के मोरारजी देसाई को कोई असुविधा नहीं हुई। वह खट-खट सीढ़ियों पर चढ़ गये। प्रधानमन्त्री मोरारजी देसाई जब बिहार आये तो उनके ठहरने का प्रबन्ध दरभंगा के अतिथिशाला में हुआ था। एक कमरा पूर्णरूप से उनके लिए था। दूसरे कमरे में उनके सुपुत्र कान्ति देसाई ठहरे थे। तीसरा सुरक्षाकर्मियों के लिए था।

देसाई जी जिस समय प्रधानमंत्री के पद पर आरूढ़ थे, उस समय पूरे देश में एक अफवाह पूरे जोर-शोर से फैली थी कि कान्ति भाई प्रधानमन्त्री के पुत्र होने का नाजायज लाभ उठाते हैं और प्रधानमन्त्री यह सब जानकर भी चुप रहते हैं। इसकी सम्पुष्टि हुई भी है एक बार दरभंगा के कुछ व्यवसायी प्रधानमन्त्री से मिलकर कुछ बातें करना चाहते थे। मोरारजी भाई ने छूटते ही कहा, ''उन्हें कान्ति देसाई से मिलने को कह दीजिये।'' व्यवसायिकों का प्रतिनिधिमण्डल कान्ति देसाई से मिलने चला गया जब कान्ति भाई से प्रधानमन्त्री के दायित्वों में दख़ल देने की बात काफी उछली, तो उन्होंने एक बार स्पष्ट कहा, 'क्या मोरारजी देसाई के समान प्रधानमन्त्री का पालन बहुत आसान है? वे अन्न भले ही नहीं खाते हों, लेकिन उन पर कितना व्यय पड़ता है, इसका अनुमान किये है?'

देसाई जी के प्रधानमन्त्रित्व काल में किये गये कार्यों की व्याख्या करने से पहले उनको शुरुआती जीवन के बारे में कुछ जानकारी देना जरूरी है। इनका जन्म 12 फरवरी, 1896 को गुजरात के भदेली स्थान में हुआ था। इन्होंने सरकारी नौकरी से अपना जीवन आरम्भ किया। उन्होंने 1930 में ब्रिटिश सरकार के विरुद्ध चल रहे सत्याग्रह आन्दोलन में योगदान दिया और तब से पीछे मुड़कर नहीं देखा। आजादी की लड़ाई में ये कई बार जेल गये और इनके कई बहुमूल्य वर्ष जेल की सलाखों के पीछे बीते। 1947 में, जब देश स्वतन्त्र हुआ, तो यह राजनीति में प्रमुख स्थान बना चुके थे। अभी तक श्री देसाई राज्य की राजनीति में ही अधिक दिलचस्पी लेते थे। इसका सुफल यह हुआ कि 1952 में ये बाम्बे (मुम्बई) के मुख्यमन्त्री निर्वाचित हुए।

1967 में श्रीमती इन्दिरा गाँधी के प्रधानमन्त्री काल में श्री देसाई उप-प्रधानमन्त्री के पद पर नियुक्त हुए। इन्दिरा गाँधी से इनकी बहुत पटती नहीं थी। उस समय वह वित्तमन्त्री भी थे, लेकिन श्रीमती गाँधी द्वारा उठाये जा रहे क्रान्तिकारी कदमों, जैसे–बैंकों के राष्ट्रीयकरण या ग रीबों के लिए विशेष वित्तीय सहायता आदि उपलब्ध कराने में श्री देसाई अड़चन डालते रहे।

इन्दिरा जी और देसाई जी के बीच उत्पन्न तनाव का एक प्रमुख कारण यह भी था कि जब लाल बहादुर शास्त्री के पश्चात् श्रीमती गाँधी को सर्वसम्मति से प्रधानमन्त्री बनाने की बात चली, तो मोरारजी को यह प्रस्ताव पसन्द नहीं आया। वह सोच रहे थे कि अपनी ईमानदार एवं दृढ़ प्रशासक की छवि के कारण लोग उन्हें इन्दिरा गाँधी से अधिक पसन्द करेंगे। अतः उन्होंने इन्दिरा गाँधी के साथ चुनाव लड़ने का निर्णय ले लिया। प्रधानमन्त्री के पद के लिए जब मतदान हुआ, तो श्री देसाई, श्रीमती इन्दिरा गाँधी से बहुत मतों से पराजित हो गये। फिर भी इन्दिरा गाँधी ने इनसे तनाव रखना उचित नहीं समझा और उप-प्रधानमन्त्री का पद इन्हें प्रदान किया, किन्तु इस पद के साथ कोई विशेष अधिकार मोरारजी को नहीं मिले।

देसाई जी प्रधानमंत्री के पद पर 23 मार्च 1977 को आरूढ़ हुए थे विभिन्न पार्टियों के सहयोग से बनी जनता पार्टी ने संसद में 542 में से 330 स्थान जीत लिये थे, कांग्रेस के सहयोगी दल सी. पी. आई. और ए.आई.डी.एम.के. को क्रमशः मात्र 7 और 21 स्थान प्राप्त हुए। इसके साथ ही इन्दिरा गाँधी स्वयं भी चुनाव हार गयी थीं। स्वाभावतः जनता पार्टी की सरकार बनी।

देसाई जी की सरकार सत्ता में आते ही सर्वप्रथम देश के नौ राज्यों जिसमें कांग्रेस का शासन था, की सरकारों को बरखास्त कर दिया और उनकी विधान सभाओं के लिए नये चुनावों का आदेश दे दिया। जनता पार्टी–जो आदर्शों और मूल्यों के आधार पर सत्ता में आयी थी का यह आचरण अलोकतान्त्रिक और बहुत हद तक असंवैधानिक तथा स्वार्थ प्रेरित था। जनता में स्वभावतः एक गलत सन्देश गया। जनता पार्टी ने अपने पैरों पर पहली कुल्हाड़ी इसी कदम के द्वारा चलाई।

इस सरकार द्वारा एक और महत्वपूर्ण कार्य किया गया, श्री नीलम संजीव रेड्डी श्रीमती गाँधी के प्रधानमन्त्री काल में वी.वी.गिरि से राष्ट्रपति का चुनाव हार गये थे। श्री रेड्डी मोरारजी और उनके कट्टरपन्थी साथियों के उम्मीदवार थे और वी.वी. गिरि इन्दिरा गाँधी के। जुलाई 1977 में जनता पार्टी ने बदला ले लिया और श्री रेड्डी को निर्विरोध राष्ट्रपति चयनित करा लेने में सफल हो गयी।

जून 1977 में हुए विधान सभा चुनाव का परिणाम जनता पार्टी के ही पक्ष में आया पार्टी और इसके सहयोगी दल तमिलनाडु को छोड़कर शेष सभी राज्यों में विजयी हुए और सरकार बनाने में सफल हुए। पश्चिम बंगाल में भी जनता पार्टी के एक सहयोगी सी.पी.एम. ने बहुमत प्राप्त कर सरकार बनायी। तमिलनाडु में इसकी कुछ नहीं चली और ए.आई.डी.एम.के. ने फिर से विजय प्राप्त की और सरकार का गठन किया। जनता पार्टी के समय और कोई विशेष कार्य हुआ या नहीं, एक महत्त्वपूर्ण कदम अवश्य उठाया गया। संविधान के 44वें संशोधन के द्वारा श्रीमती गाँधी द्वारा आपातकाल में पारित किये गये 42वें संशोधन में ऐसा संशोधन किया गया, जिससे संविधान को विकृत करने की सम्भावना नहीं बने और पुनः ऐसी आपातकालीन स्थिति का सामना नहीं करना पड़े।

आपातकाल में सर्वोच्च न्यायालय एवं उच्च न्यायालय को केन्द्र अथवा राज्य सरकारों द्वारा बनाये गये कानूनों की वैद्यता के सम्बन्ध में निर्णय लेने का अधिकार समाप्त कर दिया गया था। जनता पार्टी की सरकार ने इस न्यायलयों को यह अधिकार वापस कर दिया।

जनता पार्टी के रूप में बनी देसाई जी की सरकार ने बिना किसी कारण के ही इन्दिरा जी को परेशान करने लगी जो इसकी सबसे बड़ी भूल थी। गृहमन्त्री चौधरी चरण सिंह थे, उन्होंने एक दिन श्रीमती गाँधी को गिरफ्तार कर लिया। यह कदम सोचा-समझा नहीं था। जिसके फलस्वरूप महज एक मजिस्ट्रेट ने श्रीमती गाँधी को जमानत दे दी। श्रीमती गाँधी की गिरफ्तारी की देशव्यापी प्रतिक्रिया हुई। स्थान-स्थान पर लोगों ने लाखों की संख्या में गिरफ्तारियाँ दीं। निस्सन्देह उनमें कांग्रेस कार्यकर्ताओं की संख्या सर्वाधिक थी। जनता पार्टी द्वारा किया जा रहा सभी कार्य बदले की भावना पर आधारित होता था। इन्दिरा गाँधी को जड़-मूल से उखाड़ देना ही उस पार्टी का एकमात्र लक्ष्य था। श्रीमती गाँधी के विरुद्ध विरोधी नेताओं के हत्या के प्रयास करने, काला धन जमा करने तथा विदेशी बैंकों में धन जमा करने जैसे अनगिनत आरोप लगे। कोई आरोप सिद्ध नहीं हुआ।

इतना ही नहीं, जनता पार्टी ने श्रीमती गाँधी के विरुद्ध पैंतीस आयोग बैठाये। उनमें सबसे बड़ा 'शाह आयोग' था।

जिस समय देसाई जी प्रधानमंत्री बने इन्दिरा जी उन्हें बधाई देने के लिए उनके घर गई, परन्तु उसका कोई परिणाम नहीं निकला। मोरारजी हठी और जिद्दी थे तथा प्रतिशोध की भावना से ग्रस्त। वित्तमन्त्री के पद से हटा देने की बात वह भूले नहीं थे और न भूले थे प्रधानमन्त्री के चुनाव में श्रीमती गाँधी से पराजय की बात। जनता

पार्टी अथवा मोरारजी के इन कदमों से श्रीमती गाँधी के प्रति लोगों की सहानुभूति में वृद्धि ही हुई।

देसाई जी को सत्ता में आने के बाद देश के विकास पर ध्यान देना चाहिए था। चुनावी सभाओं द्वारा जनता को जो कार्य करने का भरोसा दिलाया था उन्हें पूरा करना चाहिए था जिस साम्प्रदायिकता उन्मूलन और सद्भावना स्थापना की दुहाई दे जनता पार्टी सत्ता में आयी थी, उसकी दिशा में कार्रवाई होनी चाहिए थी। मोरारजी देसाई अपने को समर्थ प्रशासक मानते थे, किन्तु भारतीय नौकरशाही, जो अकर्मण्य और प्रायः भ्रष्ट हो गयी थी, उस पर अंकुश लगाकर देश को एक स्वच्छ प्रशासन देना चाहिए था, पर ऐसा कुछ नहीं हुआ। जिसका कारण देसाई जी एक ऐसे रथ के सारथि थे, जिसमें जुते घोड़े विपरीत दिशाओं में रथ खींच रहे थे। विभिन्न विचारधारा वाली पार्टियों के इस विशाल रथ का संचालन मोरारजी भाई के बूते की बात नहीं थी।

दूसरी तरफ देसाई जी के शासन व्यवस्था में व्याप्त दोष एवं कमजोरियां सामने आ रही थी। असम, मणिपुर एवं त्रिपुरा की समस्याओं ने विकराल रूप धारण किया। अलीगढ़, रांची तथा अन्य स्थानों पर भीषण साम्प्रदायिक दंगे हुए। इन सभी पर नियन्त्रण करने के लिए जनता पार्टी की सरकार में न तो क्षमता थी, न इच्छाशक्ति, और न ही एकजुटता।

भिन्न-भिन्न पार्टियों के मन्त्री स्वतन्त्र ढंग से व्यवहार करते थे। उदाहरण के लिए, मोरारजी भाई के मन्त्रिमण्डल में श्री अटल बिहारी वाजपेयी विदेश मन्त्री थे। वे देश के बाहर अधिक और देश के अन्दर कम ही रहते थे। मोरारजी को अपनी कुर्सी नहीं खोनी थी (जिसे शीघ्र ही खोना पड़ा) कि वह श्री वाजपेयी की कार्यप्रणाली पर सीधे उँगली उठाते। एक दिन पार्लियामेंट के 'कॉरिडोर' में दोनों आमने-सामने हो गये, तो मोरारजी ने कटु स्वर में मात्र इतना कहा, 'कभी-कभी देश में भी रहा कीजिये।'

गृह मन्त्रालय की कुर्सी पर चौधरी चरण सिंह विराजमान थे। उन्हें किसानों की परेशानियों के बारे में तो पूरी जानकारी थी परन्तु गृह मन्त्रालय की पेचीदगियों से उनका कोई परिचय नहीं था। गृह मन्त्रालय के अधिकारियों पर भी उनका नियन्त्रण न के बराबर था। अपने मन्त्रालय की गतिविधियों में वह एक कुशल प्रशासक और सरकारी कार्यों में उनसे कई गुना अनुभवी प्रधानमन्त्री मोरारजी की दख़ल फूटी आँखों भी नहीं देख सकते थे। ऐसे में राज्यों की ज्वलन्त समस्याओं का समाधान और साम्प्रदायिक दंगों पर नियन्त्रण कैसे हो?

भारतीय जनता ने बड़ी आशा से जनता पार्टी को शासन-सूत्र सौंपा था। मोरारजी देसाई के दृढ़निश्चय, प्रशासनिक अनुशासन और ईमानदारी तथा स्वार्थहीनता के बहुत किस्से सुने थे। जनता पार्टी के सामाजिक न्याय के नारे ने इसे बहुत लुभाया था, पर अब बहुत द्रुत गति से जनता का जनता पार्टी से मोह भंग आरम्भ हो गया था।

बात सिर्फ उत्तर और पूर्व के प्रदेशों की चिरकालीन समस्याओं और साम्प्रदायिक दंगों की नहीं थी। ये तो मात्र बाहरी लक्षण थे। बात इससे कहीं अधिक गम्भीर थी। लोगों का मोहभंग मोरारजी देसाई की सरकार से विकास सम्बन्धी नीतियों की उपेक्षा और उनके दोषपूर्ण क्रियान्वयन तथा 'सामाजिक न्याय' की स्थापना में उनकी असफलता के कारण अधिक हुआ। ग्रामीण क्षेत्र किसी भी पार्टी के सबसे बड़े वोट बैंक होते हैं। दुर्भाग्यवश ग्रामोद्धार अथवा कृषक मज दूरों के भाग्य सँवारने की ओर जनता पार्टी के घटकों का ध्यान नहीं गया। कारण स्पष्ट था, इनमें अधिकांश सामन्तवादी प्रकृति के थे। उनके प्रधानमन्त्री भी उन सफेद 'कॉलरों' को गाँव की धूल-मिट्टी से कम ही प्रेम था। कहने को मोरारजी देसाई के गृहमन्त्री और बाद में वित्तमन्त्री चरण सिंह किसान और किसानों के नेता थे, पर उनका ठाठ-बाट और रहन-सहन भी राजसी था, अन्ततः इन्हीं की महत्त्वाकांक्षाओं ने पार्टी के लड़खड़ाते जलपोत को सदा के लिए सागर-गर्भ में डुबो दिया।

ग्रामीण क्षेत्रों के किसानों और निम्न वर्ग के लोगों को उच्च वर्ग वाले परेशान करने लगे। इनके अत्याचार से ग्रामीण इलाकों में तनाव चरम पर पहुँच रहा था। धनी और मध्यम वर्गीय कृषक-समुदाय जनता पार्टी की सरकार को अपना ही निर्माण मानते थे और ग्रामीणों, विशेषकर अनुसूचित जातियों पर अपना पूर्ण वर्चस्व स्थापित करने में प्रयासरत थे। वंचित वर्ग के लोग भी अपने अधिकारों के प्रति सजग हो गये थे, किन्तु उनकी आर्थिक और सामाजिक दुर्बलता उनका कुछ नहीं चलने दे रही थी, सिवा उनमें आक्रोश उत्पन्न करने के, जिसकी अभिव्यक्ति ये अपनी छोटी-मोटी गतिविधियों और अमीरों के आधिपत्य को संगठित चुनौती देने में करते थे।

सम्पन्न वर्ग के लोगों का अत्याचार जारी था जिसका हृदय-विदारक उदाहरण बिहार राज्य के बेलछी गाँव से मिलता है, जहाँ कई हरिजन सवर्णों के हाथों जीवित जला दिये गये। बिहार ही जनता पार्टी के सूर्योदय का क्षितिज था और बिहार में ही पार्टी के कफन पर पहली कील ठुक गयी। राष्ट्र की प्रशासन व्यवस्था बिल्कुल जर्जर हो चुकी थी। देश भर में हड़ताल, जुलूस, आन्दोलन आम घटनाएँ हो गयीं। जिन छात्रों ने एकजुटता दिखाकर जनता पार्टी को सरकार में आने में सहायता की

थी, उन्हीं के परिसर अशान्त हो गये। कॉलेजों-विश्वविद्यालयों में हिंसक झड़पें होने लगी थीं। फलस्वरूप उन्हें बन्द ही रखना पड़ता था। प्रशासन की सर्वाधिक विफलता तब सामने आयी, जब 1979 के मध्य अर्द्धसैनिक बलों ने भी बगावत के झण्डे खड़े कर दिये। इस बगावत पर नियन्त्रण करने में कई दिन लग गये। शासन पर दूसरा बड़ा आघात था।

जनता पार्टी द्वारा जनता को दिये गये आश्वासनों को पूरा नहीं किया और जो भी कार्य किया जाता वह अव्यावहारिक तथा प्रतिशोधपूर्ण होता था। नेहरू और नेहरू परिवार से चिढ़ना और उन्हें वंशवाद का पोषक बनाना दूसरी बात थी और उनकी अच्छी नीतियों को भी प्रतिशोधात्मक रूप से दरकिनार कर देना सर्वथा दूसरी और साथ ही आत्मघाती। नेहरू की दूरदृष्टि और एक औद्योगिक तथा स्वावलम्बी भारत का स्वप्न कितनों के पास था? उनकी औद्योगिक नीति, जिसमें मशीनों के निर्माण करने वाली मशीनों की स्थापना की भी बात थी, देश को आर्थिक स्वावलम्बन के क्षेत्र में अग्रसर करने का कैसा प्रशंसनीय कदम था, पर जनता पार्टी को नेहरूवादी विकास नीति नहीं भायी और उसने उसे किनारे कर दिया।

देसाई जी के नेतृत्ववादी जनता पार्टी सरकार पंचवर्षीय योजनाओं को सही रूप से निर्धारित और संचालित नहीं कर सकी।और अपनी अदूरदर्शिता का घोर परिचय देते हुए बड़े स्तर के उद्योगों के स्थान पर श्रम आधारित लघु स्तर के उद्योगों की स्थापना पर बल दिया। स्वभावतः विकास चक्र उल्टा घूम गया। इन नन्हें उद्योगों से श्रमिकों को रोज गार कितना मिलता, अपितु देश का आर्थिक विकास दर नष्ट ही नहीं हो गया, बल्कि नीचे की ओर गिरने लगा, जो कुछ कसर बचा था उसे सरकार की कृषि-नीति ने पूरी कर दी। सरकार ने अपने चुनावी वादों को भूलने की प्रशसंनीय क्षमता दिखाई तथा भूमि-सुधार सम्बन्धी कोई कदम उठाने का प्रयास नहीं किया, न ही कृषक-मज दूरों को अधिक मज दूरी देने की दिशा में कोई पहल की। वह ऊँची जातियों के भू-स्वामियों के हाथों बन्धक जो थी।

देसाई जी की सरकार द्वारा गरीब व मजदूर तबकों के लिए एक महत्वपूर्ण कार्य किया गया उन्होंने 'काम के बदले अनाज' कार्यक्रम की योजना चलाई। इस योजना के अन्तर्गत सड़कों, पुलियों, पोखरों, विद्यालयों आदि के निर्माण का कार्य हुआ। कुछ लोगों के लिए कुछ समय तक इस योजना के तहत रोज गार मिला, भले उसकी मज दूरी क्रयशक्ति के रूप में नहीं मिलकर अन्न के रूप में मिली। कुछ लोगों के पेट की आग तो बुझी, कुछ ठण्डे चूल्हे तो गरम हुए। पर इस योजना का क्रियान्वयन अव्यावहारिक तरीके से हुआ। निम्न स्तर पर भ्रष्टाचार का दानव, गरीबों के अन्न

का अधिकांश गटक गया। विरोधाभास यह कि सरकार की यह सर्वाधिक सकारात्मक योजना ही अन्ततः उसके लिए भस्मासुर सिद्ध हुई।

देसाई जी का यह दुर्भाग्य ही था कि उनके शासनकाल में उद्योग और कृषि दोनों उपेक्षित हुए फलतः दोनों क्षेत्रों में विकास दर जहाँ का तहाँ रह गया अथवा उसका 'ग्रॉफ' नीचे गिरा। सरकार के दुर्भाग्यवश 1978-79 में कई राज्यों में भीषण बाढ़ और भयंकर सूखे के कारण खाद्यान्न के उत्पादन में भारी कमी हुई। इनमें भूखमरी की स्थिति पैदा हो गयी। शासन द्वारा संचालित की गयी 'काम के बदले अनाज योजना' का दुरुपयोग होने से सरकारी खाद्यान्न भण्डार बुरी तरह रिक्त हो चुके थे। सरकार भूखों का पेट भरे, तो कैसे? खाद्यान्नों की कीमत तेजी से बढ़ी। उधर अन्तर्राष्ट्रीय बाजार में पेट्रोलियम उत्पादों की कीमत बढ़ने से देश में किरोसिन तेल और दैनिक उपयोग की वस्तुएँ आसमान छूने लगी। जनता अपनी जनता पार्टी की सरकार में ही 'त्राहि माम्' पुकार उठी।

जनता पार्टी की सरकार में जो सहायक पर्टियां थीं वो अपने-अपने लाभ के बारे में सोचने लगे सबसे बड़ा घटक जनसंघ (90 सांसद) 'राष्ट्रीय स्वयं सेवक संघ' का मुखौटा था और उसी के कार्यक्रमों को लागू करने में लगा था। यह पार्टी धर्मनिरपेक्षता का ढोंग करते हुए भी पूरी तरह हिन्दुत्ववादी थी। कांग्रेस (ओ) धर्मनिरपेक्ष जो हो, पर काँग्रसी 'सिंडिकेटियों' की ही तो यह पार्टी थी। सी.पी.एम. शासन में होने का काम प.बंगाल में अपने गढ़ को मजबूत करने में लगी थी।

देसाई जी पूरी तरह से प्रभावहीन हो चुके थे वो इन घटकों को न तो एकजुट रख सकते थे और न ही उनकी निरंकुशता को नियन्त्रित करने का प्रयास कर अपने बहु-प्रतिष्ठित पद से हटने का खतरा ही उठा सकते थे। सरकार कभी भी धराशायी हो सकती थी, पर वह मूक द्रष्टा के अतिरिक्त कुछ नहीं था। कीमतों की वृद्धि जारी रही, साथ ही लोगों की तबाही भी। 1979 के अन्त तक मुद्रा-स्फीति की दर 20% हो गयी।

देसाई जी और उनके विरोधी चौधरी चरण सिंह के बीच का बिगड़ा हुआ सम्बन्ध जग जाहिर हो गया चरण सिंह–जो कभी गृहमन्त्री, तो कभी 'संन्यासी मन्त्री', तो पुनः वित्तमन्त्री के रूप में गेंद की तरह उछाले गये थे, ने जुलाई 1979 में समाजवादियों की मदद से जनता पार्टी तोड़ दी। जनसंघ के 90 सदस्य भी आर. एस.एस. और जनता पार्टी की दोहरी सदस्यता के मुद्दे पर सरकार से पल्ला झाड़ लिये। अल्पमत में आ जाने के बाद मोरारजी देसाई ने भारी मन से 15 जुलाई 1979

को अपना त्याग-पत्र समर्पित कर दिया। जनता पार्टी की सरकार की 'कॉफिन' की यह प्रायः अन्तिम कील थी। यह अब कुछ दिनों की ही मेहमान रह गयी थी।

मोरारजी देसाई के साथ इतिहास से न्याय की अपेक्षा है। जिद्दी और हठी स्वभाव वाले देसाई जी पर परिवारवाद का भी आरोप लगा था। वह पुत्र मोह से पूरी तरह ग्रसित थे। वह महत्त्वाकांक्षी भी उसी सीमा तक थे कि बिना परिणाम की चिन्ता किये छलांग लगा देते थे। उन सब बातों के बावजूद भारतीय स्वतन्त्रता संग्राम ने उनके सदृश सिद्धान्तवादी व्यक्तियों को कम ही उत्पन्न किया है।

देसाई जी के बारे में एक बात तो मानना पड़ेगा कि वो व्यक्तिगत रूप से एक ईमानदार व्यक्ति थे। वह समर्पित गाँधीवादी थे तथा सत्य और अहिंसा के एकनिष्ठ उपासक। सादा जीवन और उच्च विचार उनके जीवन के स्पष्ट उद्देश्य थे। व्यक्तिगत, सामाजिक और राजनीतिक जीवन में अनुशासन के वे भारी पक्षधर थे। वह दृढ़प्रतिज्ञ थे। राजनीति के कीचड़ में मोरारजी के सदृश कमल कभी-कभी ही खिल पाते हैं।

यह तो सच है कि देसाई जी का सिद्धांत बिल्कुल स्पष्ट होता था। उनके इसी सिद्धान्तों के प्रति उनकी अडिग प्रतिबद्धता और जीवन के सभी पक्षों में पारदर्शिता पर उनके ज ोर ने उनके बहुत आलोचक बना दिये थे। परन्तु एक गाँधीवादी होने के कारण वह हक की लड़ाई जो लड़े, पर प्रतिशोध के सदृश कलुशित भावना का वह आखेट कभी नहीं रहे। जनता पार्टी की सरकार के समक्ष इन्दिरा गाँधी के प्रति जो भी प्रतिशोधात्मक कार्य हुए, उनका दोष व्यर्थ ही मोरारजी के सिर मढ़ा जाता है। वह प्रधानमन्त्री अवश्य थे, पर सबको पता है कि वह विभिन्न विरोधी मतावलम्बी पार्टियों के हाथ एक बन्धक प्रधानमन्त्री थे। इन्दिरा गाँधी को प्रताड़ित करने में सर्वाधिक हाथ गृहमन्त्री चौधरी चरण सिंह का था और था जनसंघियों और कांग्रेस (ओ) के लोगों का, जो नेहरू-गाँधी परिवार के घोषित शत्रु थे।

देसाई जी एक सच्चे पुरुष होने के साथ ही भारतीय संस्कृति और उसकी समृद्ध परम्परा के पोषक एक अध्यात्म-परायण व्यक्ति थे। उनकी सत्यनिष्ठा का एक ज्वलन्त उदाहरण प्रस्तुत है। श्री देसाई स्वास्थ्य की दृष्टि से 'स्व-मूत्र' का पान करते थे। उसे 'शिवांगु' नाम भी प्राप्त है। एक बार एक पत्रकार सम्मेलन में उनसें इस सम्बन्ध में प्रश्न पूछा गया, तो उन्होंने निस्संकोच उसे स्वीकारा और उसके लाभ भी गिना दिये।

देसाई जी प्रसिद्ध दार्शनिक-आध्यात्मिक ग्रन्थ गीता के परम उपासक थे। उसमें प्रस्तुत विचारों से इतने प्रभावित थे कि गीता पर उन्होंने एक पुस्तक लिख डाली

गीता कोई सम्प्रदायवादी पुस्तक नहीं है, अतः मोरारजी की धर्मनिरपेक्षता—जो महात्मा गाँधी की तरह उनके रग-रग में बसी थी—पर कोई प्रश्नचिह्न नहीं लगा सकता।

मोरारजी देसाई आत्मबल के साथ ही दृढ़ आत्मविश्वास के धनी थे। यही कारण है कि उन्होंने 81 की पकी उम्र में भी भारत के प्रधानमन्त्री के पद को सँभाला था और अफवाहें जो उड़ाई जायें, उनकी उम्र उनके दायित्वों के निर्वाह में कभी बाधक नहीं बनी। खान-पान में संयम के आधार और नियमित दिनचर्या के कारण ही उन्होंने अपने को सदा सक्षम रखा।

देसाई जी आहार के सम्बन्ध में कितने संयमी थे इसका उल्लेख पहले ही किया जा चुका है। दिनचर्या का आरम्भ यह था कि वह ब्रह्ममुहूर्त के आगमन के साथ ही बिस्तर छोड़ देते थे। उनके बारे में यह प्रसिद्ध था कि रात्रि नौ बजे वे शयनकक्ष में चले जाते थे और उसके पश्चात् किसी भी आकस्मिकता में उन्हें निद्रा से कोई भी नहीं जगा सकता था। देश पर आक्रमण भी हो जाये, तो बात कुछ और थी।

उनके आत्मबल का अप्रतिम उदाहरण है कि उन्होंने यह घोषित कर रखा था कि वह सौ वर्षों की आयु जीयेंगे। अपने संयमित जीवन और दृढ़ इच्छाशक्ति तथा आत्मबल के कारण उन्होंने सचमुच अपनी यह घोषणा सत्य सिद्ध कर दी और सौ वर्ष पूर्ण होने में कुछ ही माह शेष थे कि 1995 में वह मृत्यु को प्राप्त हुए।

यह ऋषि-तुल्य व्यक्ति परिस्थितियों के फलस्वरूप भी एक सफल प्रधानमन्त्री सिद्ध नहीं हुआ, पर एक सफल व्यक्ति के रूप में यह इतिहास में अमर रहेगा और उसका चरित्र आने वाली पीढ़ियों के लिए सदा प्रेरणा का स्त्रोत बना रहेगा।

4

जयप्रकाश नारायण का समाजवाद

देश में आजादी की लड़ाई से लेकर वर्ष 1977 तक तमाम आंदोलनों की मशाल थामने वाले जे. पी. यानी जयप्रकाश नारायण का नाम देश के ऐसे शख्स के रूप में उभरता है जिन्होंने अपने विचारों, दर्शन तथा व्यक्तित्व से देश की दिशा तय की थी। उनका नाम लेते ही एक साथ उनके बारे में लोगों के मन में कई छवियां उभरती हैं। लोकनायक के शब्द को असलियत में चरितार्थ करने वाले जयप्रकाश नारायण अत्यंत समर्पित जननायक और मानवतावादी चिंतक तो थे ही इसके साथ-साथ उनकी छवि अत्यंत शालीन और मर्यादित सार्वजनिक जीवन जीने वाले व्यक्ति की भी है। उनका समाजवाद का नारा आज भी हर तरफ गूंज रहा है।

जयप्रकाश नारायण भारतीय स्वतंत्रता सेनानी और राजनेता थे। उन्हें 1970 में इंदिरा गांधी के विरुद्ध विपक्ष का नेतृत्व करने के लिए जाना जाता है। वे समाज-सेवक थे, जिन्हें लोकनायक के नाम से भी जाना जाता है। 1998 में उन्हें भारत रत्न से सम्मनित किया गया। पटना मे अपने विधार्थी जीवन में जयप्रकाश नारायण ने स्वतंत्रता संग्राम मे हिस्सा लिया। जयप्रकाश नारायण बिहार विधापीठ में शामिल हो गए, जिसे युवा प्रतिभाशाली युवाओं को प्रेरित करने के लिए डॉ. राजेन्द्र प्रसाद और सुप्रसिद्ध गांधीवादी डॉ. अनुग्रह नारायण सिन्हा, जो गांधी जी के एक निकट सहयोगी रहे और बाद मे बिहार के पहले उप मुख्यमंत्री सह वित्त मंत्री रह चुके हैं द्वारा स्थापित किया गया था। वे 1922 मे वे उच्च शिक्षा के लिए अमेरिका गए, जहाँ उन्होंने 1922-1929 के बीच कैलिफोर्निया विश्वविधालय-बरकली, विसकांसन विश्वविधालय में समाज-शास्त्र का अध्यन किया। पढ़ाई के महंगे खर्चे

को वहन करने के लिए उन्होंने खेतों, कंपनियों, रेस्टोरेन्टों मे काम किया। वे मार्क्स के समाजवाद से प्रभावित हुए। उन्होने एम.ए. की डिग्री हासिल की। उनकी माताजी की तबियत ठीक न होने की वजह से वे भारत वापस आ गए और पी.एच.डी पूरी न कर सके।

उनका विवाह बिहार के मशहूर गांधीवादी बृज किशोर प्रसाद की पुत्री प्रभावती के साथ अक्तूबर 1920 मे हुआ। प्रभावती विवाह के उपरांत कस्तुरबा गांधी के साथ गांधी आश्रम मे रहीं। वे डॉ. राजेन्द्र प्रसाद और सुप्रसिद्ध गांधीवादी डॉ. अनुग्रह नारायण सिन्हा द्वारा स्थापित बिहार विद्यापीठ में शामिल हो गए। 1929 में जब वे अमेरिका से लौटे, भारतीय स्वतंत्रता संग्राम तेजी पर था। उनका संपर्क गाधी जी के साथ काम कर रहे जवाहर लाल नेहरू से हुआ। वे भारतीय स्वतंत्रता संग्राम का हिस्सा बने। 1932 मे गांधी, नेहरू और अन्य महत्वपूर्ण कांग्रेसी नेताओं के जेल जाने के बाद, उन्होंने भारत मे अलग-अलग हिस्सों में संग्राम का नेतृत्व किया। अन्ततः उन्हें भी मद्रास में सितंबर 1932 मे गिरफ्तार कर लिया गया और नासिक के जेल में भेज दिया गया। यहाँ उनकी मुलाकात एम. आर. मासानी, अच्युत पटवर्धन, एन. सी. गोरे, अशोक मेहता, एम. एच. दांतवाला, चार्लूस मास्कारेन्हास और सी. के. नारायणस्वामी जैसे उत्साही कांग्रेसी नेताओं से हुई। जेल मे इनके द्वारा की गई

चर्चाओं ने कांग्रेस सोसलिस्ट पार्टी (सी.एस.पी) को जन्म दिया। सी.एस.पी समाजवाद में विश्वास रखती थी। जब कांग्रेस ने 1934 मे चुनाव मे हिस्सा लेने का फैसला किया तो जे. पी. और सी.एस.पी ने इसका विरोध किया।

1939 मे उन्होंने द्वितीय विश्वयुद्ध के दौरान, अंग्रेज सरकार के खिलाफ लोक आंदोलन का नेतृत्व किया। उन्होंने सरकार को गिराया और राजस्व रोकने के अभियान चलाए। टाटा स्टील कंपनी में हड़ताल करा के यह प्रयास किया कि अंग्रेजों को इस्पात न पहुंचे। उन्हें गिरफ्तार कर लिया गया और 9 महीने की कैद की सजा सुनाई गई। जेल से छूटने के बाद उन्होंने गांधी और सुभाष चंद्र बोस के बीच सुलह का प्रयास किया। उन्हे बंदी बना कर मुंबई की आर्थर जेल और दिल्ली की कैंप जेल मे रखा गया। 1942 "भारत छोड़ो" आंदोलन के दौरान वे आर्थर जेल से फरार हो गए।

उन्होंने स्वतंत्रता संग्राम के दौरान हथियारों के उपयोग को सही समझा। उन्होंने नेपाल जा कर आजाद दस्ते का गठन किया और उसे प्रशिक्षण दिया। उन्हें एक बार फिर पंजाब में चलती ट्रेन में सितंबर 1943 मे गिरफ्तार कर लिया गया। 16 महीने बाद जनवरी 1945 में उन्हें आगरा जेल मे स्थांतरित कर दिया गया। इसके उपरांत गांधी जी ने यह साफ कर दिया था कि डा. लोहिया और जे. पी. की रिहाई के बिना अंग्रेज सरकार से कोई समझौता नामुमकिन है। दोनों को अप्रैल 1946 को आजाद कर दिया गया। 1948 मे उन्होंने कांग्रेस के समाजवादी दल का नेतृत्व किया, और बाद में गांधीवादी दल के साथ मिलकर समाजवादी सोशलिस्ट पार्टी की स्थापना की। 19 अप्रेल, 1954 में गया, बिहार मे उन्होंने विनोबा भावे के सर्वोदय आंदोलन के लिए जीवन समर्पित करने की घोषणा की। 1957 में उन्होंने लोकनिति के पक्ष में राजनीति छोड़ने का निर्णय लिया। 1960 के दशक के अंतिम भाग में वे राजनीति में पुनः सक्रिय रहे। 1974 में किसानों के बिहार आंदोलन में उन्होंने तत्कालीन राज्य सरकार से इस्तीफे की मांग की।

वे इंदिरा गांधी की प्रशासनिक नीतियों के विरुद्ध थे। गिरते स्वास्थ्य के बावजूद उन्होंने बिहार में सरकारी भ्रष्टाचार के खिलाफ आंदोलन किया। उनके नेतृत्व में पीपुल्स फ्रंट ने गुजरात राज्य का चुनाव जीता। 1975 में इंदिरा गांधी ने आपातकाल की घोषणा की जिसके अंतर्गत जे. पी. सहित 600 से भी अधिक विरोधी नेताओं को बंदी बनाया गया और प्रेस पर सेंसरशिप लगा दी गई। जेल मे जे. पी. की तबीयत और भी खराब हुई। 7 महीने बाद उनको मुक्त कर दिया गया। 1977 जे. पी. के प्रयासों से एकजुट विरोध पक्ष ने इंदिरा गांधी को चुनाव में हरा दिया।

जयप्रकाश नारायण का निधन उनके निवास स्थान पटना में 8 अक्टूबर 1979 को हृदय की बीमारी और मधुमेह के कारण हुआ। उनके सम्मान में तत्कालीन प्रधानमंत्री चरण सिंह ने 7 दिन के राष्ट्रीय शोक का ऐलान किया, उनके सम्मान में कई हजार लोग उनकी शोक यात्रा में शामिल हुए। सम्पूर्ण क्रान्ति का आह्वानः पांच जून के पहले छात्रों-युवकों की कुछ तात्कालिक मांगें थीं, जिन्हें कोई भी सरकार जिद न करती तो आसानी से मान सकती थी। लेकिन पांच जून को जे. पी. ने घोषणा की–

"भ्रष्टाचार मिटाना, बेरोजगारी दूर करना, शिक्षा में क्रान्ति लाना, आदि ऐसी चीजें हैं, जो आज की व्यवस्था से पूरी नहीं हो सकतीं, क्योंकि वे इस व्यवस्था की ही उपज हैं। वे तभी पूरी हो सकती हैं जब सम्पूर्ण व्यवस्था बदल दी जाए। और, सम्पूर्ण व्यवस्था के परिवर्तन के लिए क्रान्ति, 'सम्पूर्ण क्रान्ति' आवश्यक है।"

सम्पूर्ण क्रान्ति के आह्वान उन्होंने श्रीमती इंदिरा गांधी की सत्ता को उखाड़ फेकने के लिये किया था। लोकनायक नें कहा कि "सम्पूर्ण क्रांति" में सात क्रांतियाँ शामिल है–राजनैतिक, आर्थिक, सामाजिक, सांस्कृतिक, बौद्धिक, शैक्षणिक व आध्यात्मिक क्रांति। इन सातों क्रांतियों को मिलाकर "सम्पूर्ण क्रान्ति" होती है।

"सम्पूर्ण क्रांति" की तपिश इतनी भयानक थी कि केन्द्र में कांग्रेस को सत्ता से हाथ धोना पड़ गया था। जयप्रकाश नारायण जिनकी हुंकार पर नौजवानों का जत्था सड़कों पर निकल पड़ता था। बिहार से उठी सम्पूर्ण क्रांति की चिंगारी देश के कोने-कोने में आग बनकर भड़क उठी थी। जे. पी. के नाम से मशहूर जयप्रकाश नारायण घर-घर में क्रांति का पर्याय बन चुके थे। लालू प्रसाद, नीतीश कुमार, रामविलास पासवान या फिर सुशील मोदी, आज के सारे नेता उसी छात्र युवा संघर्ष वाहिनी का हिस्सा थे।

जयप्रकाश नारायण अपने जीवन के आरम्भिक वर्षों में मार्क्सवाद से प्रभावित थे। लेनिन के नेतृत्व में रूस में बोल्शेविक क्रान्ति की सफलता भारतीय नवयुवकों के लिये आकर्षण का केन्द्र थी। शोषण रहित समाज की स्थापना तत्कालीन मध्यवर्गीय भारतीय नवयुवकों का आदर्श था। जयप्रकाश नारायण भी मार्क्स के विचारों तथा लेनिन के नेतृत्व से अत्यधिक प्रभावित थे। उन्होंने लिखा है "महान लेनिन की रोमांचित कर देने वाली सफलता जिसके वृत्तान्त को सुनकर हम लोग अतृप्त रह जाते थे, निसन्देह रूप से क्रान्ति की मार्क्सवादी पद्धति की श्रेष्ठता को स्थापित कर दिया, ऐसा प्रतीत होता है।" मार्क्सवाद के प्रति जयप्रकाश नारायण का

यह आकर्षण अधिक दिनों तक नहीं रहा। रूस में स्टालिन काल में जिस प्रकार से विरोधियों को प्रताड़ित किया गया तथा गाँधीजी एवं काँग्रेस को बुर्जुआ नेता तथा बुर्जुआ राजनीतिक दल बताया गया, जयप्रकाश नारायण स्वीकार न कर सकें। जयप्रकाश नारायण का मार्क्सवाद की सैद्धान्तिक मान्यताओं के प्रति मोह अवश्य था परन्तु वे मार्क्सवादियों द्वारा सामाजिक परिवर्तन के लिये अपनाए गए हिंसात्मक साधनों से सहमत नहीं थे। उनकी गाँधीजी द्वारा प्रस्तावित अहिंसात्मक साधनों द्वारा सामाजिक परिवर्तन लाने में आस्था थी। इसीलिए उन्होंने मार्क्सवाद को अलविदा कह दिया। स्वाधीनता के पश्चात् गाँधीजी द्वारा सत्ता से दूर रहकर रचनात्मक कार्यों द्वारा जनसेवा के प्रति समर्पित रहने के निर्णय से उन्हें अत्यधिक प्रभावित किया। विनोबाजी की भूदान आन्दोलन से भी वे गाँधीवादी पद्धति के महत्व तथा उसकी सार्थकता के बारे में प्रभावित हुए। अन्त में वे विनोबाजी के सर्वोदय आन्दोलन में जीवनदानी के रूप में जुड़ गए। सर्वोदय को उन्होंने 'जनता का समाजवाद' बताया।

सामाजवाद की मूल संकल्पना

समाजवाद अंग्रेजी के "सोशलिज्म" शब्द का हिन्दी रूपान्तरण है। सोशलिज्म शब्द की उत्पति सोशियस शब्द से हुई है जिसका अर्थ समाज होता है। इस तरह समाजवाद का सम्बन्ध समाज और सुधार से है। लेकिन वर्तमान समाज में यह सीधा-सादा शब्द समाजवाद इतना अधिक लोकप्रिय और प्रचलित हो गया है कि इसे विभिन्न ढंग से परिभाषित किया गया है। डॉन ग्रिफिप्स ने अपनी रचना समाजवाद क्या है? में समाजवाद की लगभग 263 परिभाषाएं संग्रहित की थी प्रो. ऐली ने अपनी एक पुस्तक में समाजवाद की 400 से भी अधिक परिभाषाओं का संकलन किया है और 1892 में पेरिस के एक पत्र 'ली फिगारो' ने विभिन्न लोगों द्वारा विभिन्न समयों पर दी गयी समाजवाद की लगभग 600 परिभाषाएँ दी थीं। ऐसी स्थिति में यह सुगमतापूर्वक कहा जा सकता है कि समाजवाद की उतनी ही परिभाषाएँ हैं जितने कि समाजवादी कुछ प्रमुख विचारों द्वारा समाजवाद की परिभाषाएं इस तरह दी गयी है–

सेलर्स के अनुसार–समाजवाद एक ऐसी प्रजातन्त्रात्मक विचारधारा है जिसका उद्देश्य समाज में एक ऐसी आर्थिक व्यवस्था लाना है, जो किसी भी वक्त व्यक्ति को अधिकतम सम्भव न्याय और स्वाधीनता प्रदान कर सके।

रैग्जे मैक्डानल्ड के अनुसार–साधारण रूप से समाजवाद की इससे अधिक अच्छी परिभाषा नहीं दी जा सकती कि वह समाज की भौतिक एवं आर्थिक

शक्तियों की एक ऐसी व्यवस्था चाहता है जिस पर मानवीय शक्ति का नियन्त्रण हो।

इमाइल के शब्दों में, समाजवाद का अर्थ है श्रमिकों की एक ऐसी व्यवस्था, जो पूंजीवादी सम्पत्ति को सामाजिक सम्पत्ति में बदलने के उद्देश्य से राजनीतिक सत्ता को प्राप्त करेगी।

कोकर के मतानुसार–समाजवाद का आशय सम्पत्ति के सभी आधारभूत साधनों पर नियन्त्रण से है। यह नियन्त्रण समाजवाद के किसी एक वर्ग द्वारा न होकर स्वयं समाज के द्वारा होगा और धीरे-धीरे व्यवस्थित ढंग से स्थापित किया जाएगा।

हुग्न के विचार में –समाजवाद श्रमिक वर्ग द्वारा की जाने वाली एक ऐसी राजनीतिक क्रान्ति है जिसका उद्देश्य उत्पादन एवं वितरण के साधनों की प्रजातन्त्रामक व्यवस्था एवं सामूहिक स्वामित्व द्वारा शोषण का उन्मूलन करना है।

उपयुक्त विद्वानों की तुलना में भारत के समाजवादी नेता जयप्रकाश नारायण की परिभाषा अधिक स्पष्ट है। उनके शब्दों में, समाजवादी समाज एक ऐसा वर्गहीन समाज होगा, जिसमें सब श्रमजीवी होंगे। इस समाज में वैयतिक सम्पत्ति के हित हेतु मनुष्य के श्रम का शोषण नहीं होगा। इस समाज की सारी सम्पत्ति सच्चे अर्थों में राष्ट्रीय या सार्वजनिक सम्पत्ति होगी एवं अनार्जित आय और सम्बन्धी भीषण असमानताएं हमेशा के लिए समाप्त हो जाएंगी ऐसे समाज में मानव जीवन उसकी प्रगति योजनाबद्ध होगी और सब लोग सब के हित हेतु जिएंगे।

उपयुक्त परिभाषाओं के शब्दों में पर्याप्त भेद है। इनमें में किसी परिभाषा में समाजवाद को एक आन्दोलन किसी में एक आर्थिक प्रणाली एवं किसी में दर्शन माना गया है। इन परिभाषाओं में इतनी विभिन्नता होते हुए भी यह स्पष्ट है कि समाजवाद पूंजीवाद का घोर विरोधी है और यह पूंजीवादी व्यवस्था को समाप्त कर उत्पादन के साधनों भूमि, उद्योग, इत्यादि पर समाज का नियन्त्रण स्थापित करना चाहता है जिससे आर्थिक विषमता का अन्त होकर सभी व्यक्तियों को उन्नति के समान अवसर प्राप्ति हो सकें।

समाजवाद का विकास

यद्यपि एक शब्द के रूप समाजवाद का प्रयोग काफी उपरांत में हुआ और एक विचारधारा के रूप में समाजवाद मूलतः आधुनिक काल की विचारधारा है तथापि एक

व्यापक अर्थ में मनुष्य की समानता अथवा न्यायपूर्ण सामाजिक व्यवस्था के अर्थ में अत्यन्त प्राचीन काल में भी इस तरह की विचारधारा के दर्शन होते हैं। इसके प्रथम दर्शन ओल्ड टेस्टामेंट में वर्णित एमोस, होसिया, इसियाड, जेरेमिया, आदि प्राचीन यहूदी पैगम्बरों की वाणी में होते हैं जिन्होंने धनिकों के अत्याचारों की निन्दा कर एक ऐसे न्यायपूर्ण समाज की कल्पना की है, जिसमें राजा धनिकों को दण्ड देकर निर्धनों के हितों की रक्षा करेगा। परन्तु ये सब विचारक मूलतः समाजवादी ही थे, ऐसा नहीं हैं, लैडलर का यह कथन सत्य है कि ये सब विचारक नैतिकता और धर्म-प्रधान विचारक थे समाजवादी नहीं।

प्लेटो 417-347 ई. पू. ने अपनी पुस्तक रिपब्लिक में आदर्श राज्य का जो चित्रण किया है, उसमें भी समाजवाद के बीज निहित है, क्योंकि प्लेटो का विचार है कि व्यक्तिगत सम्पत्ति और परिवार व्यक्ति को पथभ्रष्ट कर देते हैं और इसके कारण वह अपने आदर्श राज्य के प्रथम दो वर्गों, शासक तथा सैनिक वर्ग हेतु सम्पत्ति और परिवार का निषेध करता है।

प्लेटो के पश्चात् रोमन काल तथा मध्य काल में वर्जिल डोरेस और बाइक्लिफ जैसे पेगम्बरों और विचारकों के द्वारा इसी प्रकार के विचारों का प्रतिपादन किया गया है और आधुनिक काल में सर थामस मूर की यूटोपिया 1516 की इस श्रेणी की एक प्रमुख रचना कहा जा सकता है जिसमें उसके द्वारा इंग्लैण्ड की तत्कालीन अन्यायपूर्ण व्यवस्था पर कटु व्यंग्य करते हुए यूटोपिया नामक टापू की आदर्श व्यवस्था का चित्रण किया गया है, जिसमें सभी व्यक्ति अपने परिश्रम से उत्पन्न वस्तुओं को एक स्थान पर रख देते हैं और वहां से आवश्यकतानुसार वस्तुएं प्राप्त करते रहते हैं। इस टापू में किसी भी व्यक्ति के पास व्यक्तिगत सम्पत्ति नहीं है, न किसी को व्यक्तिगत सम्पत्ति की चाह है और इसी कारण इस टापू में शान्ति का अखण्ड साम्राज्य हैं।

उपयुक्त सभी स्थितियों में राज्य या प्रस्थापित शासन-व्यवस्था के विरुद्ध जो प्रक्रिया व्यक्त की गयी, वह भावुक और धार्मिक थी, राजनीतिक और आर्थिक नहीं। यहूदी और ईसाई पैगम्बरो, प्लेटो, और थामस मूर की रचनाओं में यद्यपि समाजवाद के दर्शन होते है किन्तु वस्तुतः उसमें समाजवाद के अतिरिक्त भी बहुत कुछ है। ये तो वस्तुतः सम्पूर्ण मानव जीवन से सम्बन्धित मानवीय रचनाएं हैं। समाजवाद उनका एकमात्र विषय तो है ही नही, सामान्यतया यह उनका प्रमुख विषय भी नहीं हैं।

समाजवाद की प्रमुख धारा—एक राजनीतिक विचारधारा के रूप में समाजवाद बहुत प्राचीन विचारधारा नहीं है और इसका जन्म व्यक्तिवाद की प्रतिक्रिया के रूप

में 18 वीं सदी में ही हुआ है। इस समाजवादी विचारधारा के भी दो रूप देखे जा सकते हैं 1. कल्पनावादी समाजवाद और 2. वैज्ञानिक समाजवाद।

1. कल्पनावादी समाजवाद–प्रारम्भिक समाजवादियों ने पूंजीवादी व्यवस्था की निन्दा कर उसके स्थान पर एक न्यायपूर्ण व्यवस्था की स्थापना का सुझाव दिया। लेकिन न तो उनके द्वारा पूंजीवादी व्यवस्था की तार्किक ढंग से व्याख्या की गयी और न ही उनके द्वारा पूंजीवाद को समाप्त करने के उपाय बताए गए। एन्जिल्स का कल्पनावादी समाजवाद के सम्बन्ध में कहना है कि प्रारम्भिक दिनों के समाजवाद ने निश्चित रूप से उत्पादन के स्थापित पूंजीवादी तरीकों और उनके परिणामों की कटु आलोचना की पर वे उनकी व्याख्या नहीं कर सकें और इस कारण वे विफल नहीं हो सके। वे उसे बुरा कहकर सिर्फ अस्वीकृत कर सकें। कल्पनावादी समाजवादी विचारकों में नॉयल, बावेफ, हेनरी सां सिमो, सेण्ट साइमन चार्ल्स फोरियर और रॉबर्ट ओबन प्रमुख हैं। इनमें अन्तिम तीन विचारकों को अधिक महत्वपूर्ण कहा जा सकता है।

फ्रांस की राज्य क्रान्ति के उपरांत फ्रांस में समाजवादी विचारधारा का उदय हुआ। फ्रांस की क्रान्ति में जीवन के सभी क्षेत्रों में मानव मात्र की समानता की घोषणा की गयी थी किन्तु क्रान्ति से मात्र राजनैतिक समानता ही स्थापित हो सकी, आर्थिक समानता नहीं। रोबेस्पियर के पतन के उपरांत यह स्पष्ट हो गया था कि क्रान्ति का सबसे अधिक फायदा सट्टेबाजों और भूस्वामियों को ही हुआ है। ऐसी स्थिति में सर्वप्रथम नॉयल बाबेफ ने व्यक्तिगत सम्पत्ति और आर्थिक असमानता के विरोध का मार्ग अपनाया। तत्कालीन व्यवस्था का विरोध करते हुए वह लिखता है, “जब मैं देखता हूं कि गरीबों के तन पर न कपड़े है और न पैरों में जूते, एवं यद्यपि गरीब लोग ही कपड़े और जूते बनाते हैं तथापि उन्हें ये ही उपयोग हेतु नहीं मिलते और जब मैं उन लोगों का ख्याल करता हूं जो स्वंय कुछ भी काम नहीं करते, पर उनके पास किसी भी चीज की कमी नहीं है तो मेरा यह विश्वास दृढ़ हो जाता है कि राज्य अब भी जनसाधरण के विरुद्ध कुछ लोगों का षडयन्त्र मात्र ही है।

बाबेफ ने इस बात पर बल दिया कि निजी सम्पत्ति का अन्त कर समस्त सम्पत्ति पर राज्य का नियन्त्रण स्थापित किया जाना चाहिए और राज्य की अधीनता में सम्पत्ति का आवश्यकतानुसार वितरण होना चाहिए। उत्पादन व्यवस्था पर राज्य का नियन्त्रण होना चाहिए सभी व्यक्तियों से कार्य लिया जाना चाहिए और कार्य के घण्टे कानून द्वारा निश्चित होने चाहिए। सामानों का

षडयन्त्र के नाम से उसने अपनी विचारधारा को कार्य रूप प्रदान करने का प्रयास भी किया, किन्तु इसमें उसे सफलता प्राप्त नहीं हुई। उसके विचारों और योजना का भावी समाजवादी विचारधारा पर गहरा प्रभाव पड़ा। लैडलर ने उसे पहला महत्वपूर्ण समाजवादी विचारक कहा है।

बाबेफ के अनुयायियों में हेनरी सां सिमो का नाम प्रमुख रूप से लिया जा सकता है। सां सिमों का कहना था कि–भूमि और पूंजी पर व्यक्तियों का नहीं वरन् राष्ट्र का नियन्त्रण होना चाहिए और हर व्यक्ति को उसकी योग्यता के विचार में कार्य एवं वेतन मिलना चाहिए। सां सिमो ने फ्रांस में समाजवाद को प्रसारित करने में महत्वपूर्ण योग दिया।

सेण्ट साइमन का जन्म फ्रांस में हुआ था। उस पर फ्रांस की क्रान्ति का गम्भीर प्रभाव पड़ा था। सेण्ट साइमन ईसाई धर्म का अनुयायी था और सम्भवतः निर्धन वर्ग के कल्याण की प्ररेणा उसे ईसा मसीह की शिक्षाओं से मिली। उसने यह अनुभव किया कि जनता पर से धर्म का प्रभाव क्रमशः घट रहा है और इस बात का प्रतिपादन किया कि सामाजिक और राजनीतिक सुधार तभी सम्भव हो सकते है। जबकि उनका आधार आध्यात्मिक हो। वह ईसा मसीह की शिक्षाओं पर आधारित एक ऐसे समाज की स्थापना करना चाहता था। जिसमें निर्धन वर्ग का कल्याण हो और इस सम्बन्ध में वह धनिकों को निर्धनों का ट्रस्टी बनने की प्रेरणा देता था।

सेण्ट साइमन का विचार था कि समस्त राजनीतिक परिवर्तनों का मूल आधार आर्थिक अथवा उत्पादन के साधनों में होने वाले बदलाव ही रहे हैं। अतः उसके द्वारा राजनीति को उत्पादन का विज्ञान कहा गया है और उसकी धारणा है कि राजनीतिक सिद्धान्तों की विवेचना के लिए उत्पादन के साधनों की प्रकृति को समझा जाना चाहिए। राजनीति को नितान्त गौण और अर्थ व्यवस्था को सर्वाधिक प्रमुख विषय मानते हुए उसने भविष्यवाणी की थी कि राजनीति अन्ततोगत्वा अर्थशास्त्र में विलीन हो जाएगी। साइमन की यह बात कार्ल मार्क्स के द्वन्द्वात्मक भौतिकवाद की पूर्व धारणा है। अपनी इसी धारणा के आधार पर उसका कहना था कि सरकार का स्वरूप राजनीतिक के स्थान पर आर्थिक होना चाहिए और सरकार में प्रतिनिधित्व क्षेत्रीय आधार पर नही, वरन् आर्थिक हितों और व्यवसाय के आधार पर होना चाहिए।

साइमन समस्त सामाजिक व्यवस्था का पुनर्गठन करना चाहता था और उसका विश्वास था कि इस पुनर्गठन में वैज्ञानिकों और कलाकारों को सर्वोच्च महत्व प्रदान किया जाना चाहिए, क्योंकि मानव जाति की प्रगति का कार्य इनसे

ही सम्भव है। इस सम्बन्ध में उसके द्वारा एक विचित्र सी योजना तीन सदस्यों वाली पार्लियामेण्ट का झुकाव दिया गया था। इसके पहले आविष्कारक सदन के सदस्य इंजीनियर कवि चित्रकार मूर्तिकार, और संगीतज्ञ होंगे दूसरे परीक्षा सदन के सदस्य भौतिकशास्त्रवेता और गणितज्ञ होंगे एवं तीसरे शासक सदन के सदस्य उद्योगपति होंगे। पहला सदन कानूनों को प्रस्तवित करेगा, दूसरा उनकी जांच करेगा एवं तीसरा इन्हें कार्यरूप में परिणत करेगा। साइमन के विचार उच्च और आदर्शवादी थे, किन्तु वह इन्हें व्यावहारिक रूप प्रदान करने का उपाय नहीं बता सका।

चार्ल्स फोरियर सेण्ट साइमन का समकालीन था। उसका जन्म एक निर्धन परिवार में हुआ और उसने अपना अधिकांश जीवन एक दुकान पर क्लर्क के रूप में बिताया इस दुकान पर कार्य करते हुए उसे दो कटु अनुभव हुए जो उसे पूंजीवाद का विरोधी बना दिया। पांच वर्ष की आयु में जब उसने ग्राहक को किसी वस्तु की सच्ची कीमत बतला दी तो उसे बहुत डांट पड़ी। 19 वर्ष की आयु में उसे अपने मालिक के आदेश से चावल की बोरियां समुद्र में डुबानी पड़ी जिससे चावल के दाम बढ़ जाएं और उसके मालिक को फायदा हो। इन बातों ने उसके सामने पूंजीवाद के दोष झूठ, अवव्यय बर्बादी और विनाश नितान्त स्पष्ट कर दिए।

फोरियर का विचार है कि व्यक्ति स्वभाव से श्रेष्ठ होता है किन्तु परिस्थितियां उसे कुमार्ग पर ले जाती हैं। उसने तत्कालीन सामाजिक, राजनीतिक और आर्थिक व्यवस्था की कटु आलोचना की निर्धनता, सामाजिक विषमता और युद्ध हेतु वह निजी सम्पत्ति की व्यवस्था को उत्तरदायी मानता है और उसका विचार है कि पारिवारिक जीवन भी इसी कारण विफल रहता है। वह प्रतियोगिता प्रणाली का अन्त कर एक न्यायपूर्ण आर्थिक और सामाजिक व्यवस्था की स्थापना के पक्ष में था।

पूंजीवादी व्यवस्था के दोषों को दूर करने हेतु उसने एक विस्तृत और विभिन्न-सी योजना प्रस्तुत कि जिसे फैलेक्स अथवा ऐच्छिक समुदायों की योजना कहा गया। उसका कहना था कि लगभग 1,800 सदस्यों के छोटे-छोटे समाजों का सृजन किया जाए। वे समस्त सदस्य मिलकर आर्थिक उत्पादन करें और सबको जरूरत के अनुसार निश्चित पारिश्रमिक मिले एवं उसके पश्चात् जो शेष रहे उसे अनुपात में क्रमश पूंजी श्रम और विशेष योग्यता वाले व्यक्तियों में वितरित कर दिया जाए फोरियर मूलतः एक सहकार और विकेन्द्रीकरण का समर्थक था।

रॉबर्ट ओवन ब्रिटिश समाजवाद के संस्थापकों में प्रमुख और अपने वक्त का प्रभावशाली विचारक था। ओवन पहला व्यक्ति था, जिसने समाजवादी शब्द का प्रयोग किया। ओवन के विचार उसकी दो पुस्तकों में देखे जा सकते हैं।

निर्धनता से सम्पन्नता की ओर बढने हुए ओवन की यह निश्चित धारणा हो गयी थी कि मनुष्य और उन्नति परिस्थितियों पर निर्भर है और परिस्थितियों में सुधार होने पर वह निश्चित रूप से प्रगति कर सकता है। उसने 1799 में न्यू लेनार्क की सूती कपडा मिल को निश्चित रूप से प्रगति कर सकता है। उसने 1799 में न्यू लेनार्क की सूती कपड़ा मिल को खरीद कर इसे एक आदर्श बस्ती के रूप में परिणित कर दिया। न्यू लेनार्क के परीक्षण की सफलता का प्रमाण यह था कि जब रूई के अभाव में चार माह हेतु मिल बन्द हो गयी, तब भी ओवन ने मजदूरों का वेतन जारी रखा। ओवन का विचार था कि रोजगार दिलाने हेतु एक श्रम कार्यालय स्थापित किया जाए। मजदूरों के कार्य करने के अधिकतम घण्टे निश्चित किए जाए और 10 वर्ष से कम उम्र के बच्चों को नौकर न रखा जाएं।

न्यू लेनार्क के परीक्षण से तो ओवन सफल रहा, किन्तु इसके उपरांत वह कल्पनावादी हो गया। उसने उत्तरी अमरीका के 'इण्डियाना' राज्य में एक सहकारी बस्ती न्यू हारमनी बसाई, लेकिन कुप्रबन्ध अनियन्त्रित व्यक्तिवाद और बौद्धिक मतभेदों के कारण यह परीक्षण विफल रहा।

उसने 1833 में 'प्रथम श्रमिक कांग्रेस' की अध्यक्षता की। इंग्लैण्ड में फैक्ट्री ऐक्ट्स बनवाने का श्रेय ओवन को ही प्राप्त है।

रॉबट ओवन की मृत्यु के उपरांत बाद इंग्लैण्ड में और भी समाजवादी विचारक हुए। इनमें विलियम थाम्पसन एवं टामस हाजस्किन प्रमुख हैं। इस परम्परा ने कुछ अन्य विचारकों को भी प्रभावित किया। इंग्लैण्ड की भांति अमरीका में भी काल्पनिक समाजवादी हुए, जिनमें अल्बर्ट ब्रिस्वैन एवं चार्ल्स डैना प्रमुख थे। कल्पनावादी समाजवाद ने एक दर्शन और प्रगति की दिशा में आगे बढ़ने हेतु अवकाश प्रदान किया।

2. वैज्ञानिक समाजवाद—कार्ल मार्क्स और एन्जिल्स द्वारा प्रतिपादित समाजवादी विचारधारा को वैज्ञानिक समाजवाद के नाम से जाना जाता है। कार्ल मार्क्स का दृष्टिकोण अनिवार्यतः पूर्वकालीन समाजवादियों की अपेक्षा पूर्णतया वैज्ञानिक था। मार्क्स से पूर्व के समाजवादी विचारक आर्थिक असमानता के स्थान पर धन के न्यायोचित वितरण पर बल देते थे, किन्तु उन्होंने यह नहीं बतलाया था कि यह असमानता किन कारणों से उत्पन्न होती है और उसका उत्पादन की विधियों के साथ

क्या सम्बन्ध है। उन्होंने विद्यमान व्यवस्था को सुधारने हेतु कोई क्रियात्मक व्यावहारिक दर्शन भी प्रदान नहीं किया था। इसी कारण इनकी विचारधारा को कल्पनावादी समाजवाद के नाम से जाना जाता है।

मार्क्स से आधुनिक समाज का बड़ी गूढ़ता और आलोचनात्मक दृष्टि से अध्ययन किया। उसने पूंजीवाद के दोषों का वर्णन करने के साथ-साथ पूंजीवाद का अन्त कर वर्गहीन समाज की स्थापना करने हेतु एक विधिवत् प्रक्रिया का निरूपण भी किया। उसके द्वारा द्वन्द्वात्मक भौतिकवाद एवं इतिहास की आर्थिक व्याख्या के आधार पर अब तक के घटना-चक्र की व्याख्या प्रस्तुत की गयी है और इस तरह उसने समाजवाद को उसकी भावुक एवं काल्पनिक पृष्ठभूमि से निकाल कर उसे वैज्ञानिक रूप प्रदान किया। सिर्फ इतना ही नहीं, वरन् समाजवादी व्यवस्था के उद्देश्य से उसके द्वारा 'विश्व के मजदूरों एक हो जाओ' इन शब्दों में श्रमिक वर्ग के क्रान्ति हेतु आह्वन किया गया। उसके द्वारा श्रमिक वर्ग को संगठित करने का भी हर सम्भव प्रयास किया गया और इस दृष्टि से 1834 में प्रथम अन्तर्राष्ट्रीय की स्थापना एक महत्वपूर्ण कदम था। इस तरह उसने विद्यमान व्यवस्था की व्याख्या करने के अतिरिक्त संसार की आर्थिक और राजनीतिक स्थिति को परिवर्तित करने का एक व्यावहारिक मार्ग भी बतलाया।

विकासवादी समाजवादी मार्क्स द्वारा प्रतिपादित समाजवाद को एक दूसरे नाम 'क्रान्तिकारी समाजवाद' से भी जाना जाता है। इसका कारण यह है कि यद्यपि मार्क्स संसार के कुछ देशों में पूंजीवाद के स्थान पर समाजवाद की स्थापना हेतु प्रजातंत्रात्मक पद्धति की ओर देखता है लेकिन उसकी सामान्य विचारधारा यही है कि पूंजीवाद के अन्त और समाजवाद की स्थापना हेतु क्रान्ति का मार्ग अपनाना जरूरी है। उसके द्वारा वर्ग-संघर्ष की भावना को तीव्रतम रूप प्रदान करने और संसार के मजदूरों एक हो जाओ इस तरह के नारे लगाने से भी क्रान्ति की बात स्पष्ट होती है। कार्ल मार्क्स की विचारधारा को संसार के अनेक देशों में अपनाया गया लेकिन इंग्लैण्ड और अमेरिका जैसे कुछ देशों में प्रजातन्त्र के प्रति आस्था बहुत दृढ़ होने और सामान्य विचारधारा क्रान्ति के विरुद्ध होने के कारण मार्क्सवाद अथवा क्रान्तिकारी समाजवाद के स्थान पर 'विकासवादी समाजवाद' को अपनाया गया। विकासवादी समाजवाद का तात्पर्य यह है कि पूंजीवाद के स्थान पर समाजवाद की स्थापना हेतु क्रान्ति नहीं वरन् संवैधानिक और शान्तिपूर्ण साधनों को ही अपनाया जाना चाहिए। विकासवादी समाजवाद के अनेक रूप हैं जिनमें कुछ प्रमुख हैं—समष्टिवाद, फेबीयनवाद, संशोधनवाद और प्रजातान्त्रिक समाजवाद विकासवाद समाजवाद के कुछ प्रमुख

प्रतिपादक हैं–सिडनी और बेट्रिस बेव, जॉर्ज बर्नार्ड शॉ, प्रो. ग्राहम बालस, एनी बेसेण्ट, आर. एच. टॉनी, रैग्जे मैक्डानल्ड, एटली हैरल्ट लास्की, इदान एफ. एम. डर्विन और जी. डी. एच कोल, आदि अमरीका के विकासवादी समाजवाद का प्रतिपादन नार्मन थामस के द्वारा किया गया और भारतीय समाजवाद के प्रणेताओं आचार्य नरेन्द्र देव, जयप्रकाश नारायण और पण्डित नेहरू को भी विकासवादी समाजवादियों की श्रेणी में ही रखा जा सकता है।

समाजवाद के प्रमुख सिद्धान्त

समाजवाद व्यक्तिवादी विचारधारा और पूंजीवादी व्यवस्था के विरुद्ध एक सशक्त विचारधारा और आन्दोलन है। यह समानता को अपना आदर्श मानकर चलता है और राजनीतिक, सामाजिक एवं आर्थिक क्षेत्रों में अधिकाधिक समानता स्थापित करना चाहता है। समाजवाद के प्रमुख सिद्धान्तों का अध्ययन निम्नलिखित रूपों में किया जा सकता है–

1. समाजवाद समाज की आंगिक एकता पर बल देता है–समाजवाद का अधारभूत विचार यह है कि व्यक्ति कोई अकेला प्राणी नहीं है वरन वह समाज के दूसरे व्यक्तियों से उसी प्रकार सम्बन्धित है, जिस प्रकार शरीर के अंग-प्रत्यंग परस्पर सम्बन्धित होते हैं। इसलिए समाजवाद का सिद्धान्त है कि समाज को एक भीड़ अथवा समूह मात्र न मानकर उसे एक इकाई माना जाए और व्यक्ति को समाज का एक अंग मानते हुए ही उस पर विचार किया जाए।

2. समाजवाद प्रतियोगिता के स्थान पर सहयोग को प्रतिष्ठित करता है–व्यक्तियों के विपरीत समाजवादी प्रतियोगिता को एक बहुत बड़ा दोष मानते हैं और उनका विचार है कि इससे सिर्फ धनिक वर्ग को ही फायदा होता है। प्रतियोगिता में मजदूर पूंजीपतियों का मुकाबला नहीं कर सकते, इसलिए बहुत थोड़े मूल्य पर उन्हें श्रम बेचना पड़ता है। इसके अलावा प्रतियोगिता के कारण हर व्यवसायी अपनी चीजों को सस्ता बेचना चाहता है। जिससे कि उनकी श्रेष्ठता बिल्कुल विनष्ट हो जाती है और अनेक बार किन्हीं वस्तुओं का अत्यधिक मात्रा में उत्पादन हो जाने के कारण देश की सामग्री का भी अपत्यय होता है। समाजवाद इस प्रतिस्पर्द्धा के स्थान पर सहयोग की प्रतिष्ठा करना चाहता है। डॉ. हेडन गेस्ट का कहना है कि मेरे विचार से समाजवाद का अर्थ स्थानीय राष्ट्रीय एवं अन्तर्राष्ट्रीय सभी क्षेत्रों में प्रतियोगिता के स्थान पर सहयोग को प्रतिष्ठित करना है।

3. समाजवाद का ध्येय समता है–समाजवाद वर्तमान सामाजिक व्यवस्था में विद्यमान विषमता का अत्यन्त विरोधी है और वह नवीन समाज का सृजन ऐसे सिद्धान्तों के आधार पर करना चाहती है कि उसमें वर्तमान समय में पायी जाने वाली गम्भीर विषमता कम से कम हो जाए। योग्यता के अन्तर को तो समाजवादी भी स्वीकार करते हैं और वे भी यह मानते हैं कि पूर्ण समानता अनुचित, अनावश्यक और असम्भव है, किन्तु साथ ही उनका लक्ष्य एक ऐसे वातावरण का सृजन करना है। जिसमें हर को उन्नति के समान अवसर प्राप्ति हो सके और जहां तक सम्भव हो सके, मनुष्य मनुष्य के बीच ऐसी अवस्थाएं न रहें कि कुछ लोग बिना काम किए ही जीवित रहें और कुछ लोग काम करने पर भी न जी सकें।

4. समाजवाद उत्पादन के साधनों पर सामाजिक स्वामित्व के पक्ष में है–पूंजीवादी व्यवस्था का घोर विरोधी होने के कारण समाजवाद भूमि और उद्योगों पर वैयतिक्त स्वामित्व के अन्त की मांग करता है और उत्पादन के समस्त साधनों पर सामाजिक स्वामित्व स्थापित करना चाहता है। समाजवादियों या सामूहिक सम्पत्ति का रूप देना ही श्रेयकर है। ब्लैयफोर्ड के शब्दों में, "भूमि एवं उत्पादन के सभी साधनों को राष्ट्रीय सम्पत्ति बना दो। सारे खेतों, खानों, जहाजों एवं रेलों को राष्ट्रीय नियन्त्रण में रख दो, फिर बस व्यावहारिक समाजवाद पूरा हो जाएगा।"

5. समाजवाद व्यक्ति की अपेक्षा समाज को प्राथमिकता देता है–एक समष्टिमूलक दर्शन होने के नाते समाजवाद का विचार है कि सम्पूर्ण समाज का सामूहिक हित अकेले व्यक्ति के हित से कहीं अधिक मूल्यवान है और जरूरत पड़ने पर समष्टि के हित में व्यक्ति के हित का बलिदान किया जा सकता है। इस सम्बन्ध में समाजवादियों का विचार है कि सामूहिक हित में व्यक्तिगत हित निहित होता है और सामूहिक हित की साधना से व्यक्तिगत हित की साधना स्वयं ही हो जाती है।

6. समाजवाद राज्य को एक सकारात्मक गुण मानता है–समाजवाद व्यक्तिवाद के इस कथन को अस्वीकार करता है कि राज्य एक जरूरी दुर्गण है और इसके विपरीत राज्य को एक ऐसी कल्याणकारी संस्था मानता है, जिसका जन्म ही नागरिकों के जीवन को सभ्य और सुखी बनाने हेतु होता है। अधिकांश समाजवादी इतिहास से उदाहरण देते हुए कहते हैं कि राज्य संस्था चिरकाल से मानव जाति की सेवा करती चली आ रही है और अगर इसने कहीं बल का प्रयोग किया भी है तो सामूहिक हित हेतु ही। इस तरह साधारणतया समाजवादी राज्य को एक जनहितकारी सकारात्मक अच्छाई मानते हैं।

7. समाजवादी राज्य को अधिकाधिक कार्य समर्पित करना चाहते हैं—समाजवादी राज्य को एक कल्याणकारी संस्था मानते हैं और व्यक्ति को अधिकाधिक स्वतन्त्रता प्रदान करने हेतु राज्य के कार्यक्षेत्र को व्यापक करना चाहते हैं। समाजवाद के अनुसार व्यक्तिवादी पुलिस राज्य-समाज की पूरी-पूरी भलाई नहीं कर सकता और इस पुलिस राज्य में 90 प्रतिशत जनता पूंजीवादी शोषण से पिसकर अपने प्राण दे देगी। ऐसी स्थिति में गरीबों और मजदूरों के हित में राज्य के द्वारा आर्थिक क्षेत्र में हस्तक्षेप किया जाना चाहिए। समाजवादियों के अनुसार आधुनिक राज्यों को व्यक्ति की समस्याओं में अधिक-से-अधिक रुचि लेनी चाहिए तभी वह एक वास्तविक लोकहितकारी राज्य का रूप धारण कर सकता है।

8. समाजवाद का उद्देश्य पूंजीवाद का उन्मूलन है—समाजवाद व्यक्तिवादी विचारधारा एवं पूंजीवादी व्यवस्था के विरोध पर आधरित है। समाजवाद के अनुसार पूंजीवादी अर्थव्यवस्था में कुछ लोग बहुत अधिक असमानता के फलस्वरूप अनेक सामाजिक भेद-भाव उत्पन्न हो जाते हैं। इस आर्थिक असमानता के कारण ही राष्ट्र की सामूहिक उन्नति नहीं हो पाती। पूँजीवाद अर्थ-व्यवस्था में उत्पादन का ढंग भी दोषपूर्ण है। इस व्यवस्था के तहत मानवीय आवश्कताओं को दृष्टि में रखकर योजनाबद्ध रूप में उत्पादन नहीं होता तो आवश्यकता से बहुत अधिक और आवश्यकता से बहुत कम उत्पादन होने के कारण आर्थिक क्षेत्र में बहुत अधिक अव्यवस्था फैल जाती है। यह व्यवस्था उपभोक्ताओं हेतु भी बहुत अधिक हानिकारक होती है, क्योंकि विज्ञापन, आदि पर बहुत अधिक धन व्यय कर दिया जाता है। जिसे उपभोक्ताओं से ही वसूल किया जाता है। शिल्पी जो कुछ करता है वह अपने लिए नहीं वरन पूंजीपति का ही होता है और शिल्पी की स्थिति भी मशीन के एक पुर्जे की सी हो जाती है। पूंजीवाद के अमानवीय प्रभावों का उल्लेख करते हुए एरिक फ्रॉम ने लिखा है, व्यक्ति और भी एकाकी व अकेला पड़ गया वह अपने अधिकर के बाहर अतिशय सबल शक्तियों के हाथों का साधन बन गया वह एक व्यक्ति बन गया किन्तु एक असमर्थ और असुरक्षित व्यक्ति। इन सबके अतिरिक्त पूंजीवादी अर्थव्यवस्था अशान्ति को जन्म देने वाली होती है। आन्तरिक क्षेत्र में इसका परिणाम वर्ग-संघर्ष और अन्तर्राष्ट्रीय क्षेत्र में युद्ध व साम्राज्यवाद होता है। इस प्रकार समाजवाद के अनुसार वर्तमान वक्त की पूंजीवादी व्यवस्था दोषपूर्ण, जर्जर, अन्यायी व शोषक है और सम्पूर्ण समाज के हित में इस अर्थ व्यवस्था का अन्त कर दिया जाना ही श्रेयकर है।

9. समाजवाद एक प्रजातान्त्रिक विचारधारा है–समाजवाद के सम्बन्ध में प्रमुख बात यह है कि यह एक प्रजातान्त्रिक विचारधारा है। अनेक बार समाजवाद को साम्यवाद का पर्यायवाची मान लिया जाता है, जो नितान्त भ्रमपूर्ण है। पूंजीवाद के विरोध में परस्पर सहमत होते हुए भी समाजवाद और साम्यवाद परस्पर नितान्त विरोधी विचारधाएं हैं। इबन्सटीन के शब्दो में, ये समाजवाद और साम्यवाद विचार और जीवन के दो नितान्त विरोधी ढंग है उतने ही विरोधी जितने कि उदारवाद और सर्वाधिकारवाद इन दोनों विचारधाराओं में प्रमुख भेद साधनों के सम्बन्ध में देखा जा सकता है। साम्यवाद पूंजीवाद के अन्त के लिए हिसंक साधनों को अपनाने के पक्ष में है, किन्तु समाजवाद वांछित बदलाव प्रजातान्त्रिक संवैधानिक साधनों से ही लानें का इच्छुक है। समाजवाद प्रजातन्त्रवादी विचारधारा है, साम्यवाद सर्वाधिकारवादी।

इस प्रकार समाजवाद व्यक्तिवाद के विरुद्ध एक ऐसी प्रतिक्रिया है जिसके द्वारा व्यक्ति हित के स्थान पर सामूहिक हित और प्रतिस्पर्द्धा के स्थान पर सहयोग को प्रतिष्ठित करके, उत्पादन के साधनों पर सामाजिक नियन्त्रण की पद्धति से आर्थिक समानता स्थापित करने का प्रयास किया जाता है।

व्यक्तिवाद के प्रथम प्रभाव से पूंजीवादी अर्थ-व्यवस्था की स्थापना हुई, जिसके तहत उत्पादन में वृद्धि होने के साथ-साथ सम्पत्ति का अधिकाधिक केन्द्रीकरण होने लगा और पूंजीपतियों व श्रमिकों के विरोधी वर्ग निर्मित हो गए। व्यक्तिवाद के इन दोषों की प्रतिक्रिया के रूप में समाजवादी विचारधारा का उदय हुआ, जिसने समानता के सिद्धान्त को प्रतिष्ठित करते हुए शोषण के विरुद्ध आवाज उठायी।

जयप्रकाश सामाजिक पुनर्रचना का दर्शन

जयप्रकाश नारायणजी का विचार था कि समाजवाद के द्वारा ही पूंजीवादी तथा सामन्तवादी समाज के शोषण को दूर किया जा सकता है। वे समाज के विभिन्न क्षेत्रों में व्याप्त असमानता (सामाजिक, आर्थिक, राजनीतिक तथा सांस्कृतिक) को दूर करने के लिये समाजवादी व्यवस्था की स्थापना के समर्थक थे।

जयप्रकाश नारायण का समाजवाद लोकतान्त्रिक समाजवाद है

जयप्रकाश नारायण लोकतन्त्रवादी भी थे और इसीलिए वे लोकतान्त्रिक तरीकों से समाजवाद की स्थापना के समर्थक थे। वे समाजवाद की स्थापना के लिये राज्य

की मशीनरी के प्रयोग का समर्थन करते थे। उन्होंने स्वयं कहा था, ''आज के विश्व में कोई भी दल राज्य की मशीनरी को अपने कब्जे में लिये बिना समाजवाद की स्थापना नहीं कर सकता।''

जयप्रकाश नारायण ने समाजवाद के समर्थक होने के बावजूद शक्ति तथा हिंसा को साधन के रूप में अपनाने का कभी समर्थन नहीं किया। उन्होंने कहा कि ''समाजवादी भारत में राज्य पूर्ण रूप से लोकतान्त्रिक राज्य होगा। लोकतन्त्र के बिना समाजवाद सम्भव नहीं है।

समाज में व्याप्त असमानताएँ दूर की जानी चाहिए

समाजवादी के रूप में जयप्रकाश नारायण ने समाज में व्याप्त असमानताओं को दूर करने पर बल दिया। उनका मानना था कि समाज में धन के असमान वितरण का मुख्य कारण प्रकृति द्वारा प्रदत्त पदार्थों तथा उत्पादन के साधनों पर व्यक्तिगत स्वामित्व का होना है। समाज के कुछ लोग इनका प्रयोग अपने व्यक्तिगत लाभ के लिये करते हैं। स्वयं जयप्रकाश नारायणजी, ने कहा कि''इससे समाज में आर्थिक शोषण को जन्म मिलता है जिसके द्वारा मजदूरों को जो वास्तविक रूप में उत्पादन करते हैं, बदले में उतना ही दिया जाता है जो एक निश्चित जीवन स्तर के अनुसार उनको जिन्दा रहने के लिये आवश्यक है।''

जयप्रकाश नारायण निजी सम्पत्ति तथा स्वामित्व के विरुद्ध थे

समाजवादी के रूप में जयप्रकाश नारायण व्यक्तिगत सम्पत्ति को समाप्त करने के पक्ष में थे। इसीलिए उन्होंने उत्पादन के साधनों को राज्य अथवा समाज को सौंपने का सुझाव दिया। बड़े उद्योगों, बैंकों, परिवहन, विद्युत तथा व्यापार के राष्ट्रीयकरण के वे समर्थक थे। निजी स्वामित्व की पूंजीवादी व्यवस्था के स्थार पर वे उत्पादन तथा वितरण के साधनों पर राज्य अथवा समाज के नियन्त्रण के वे पक्षधर थे।

बुनियादी जरूरतों की पूर्ति की गारंटी

जयप्रकाश नारायण का विचार था कि कोई भी समाज जो अपने सदस्यों की बुनियादी जरूरतों को पूरा करने की गारंटी नहीं दे सकता, हिंसा तथा अराजकता का शिकार हो जाता है। बुनियादी जरूरतों की पूर्ति की गारंटी सुसंस्कृत समाज की पहली शर्त है।

सामूहिक तथा सहकारी खेती का समर्थन

जयप्रकाश नारायण जमींदारों द्वारा किसानों के शोषण के प्रति अत्यधिक संवेदनशील थे। खेती के क्षेत्र में निहित स्वार्थों को समाप्त करने के लिये जयप्रकाश नारायण ने सुझाव दिया कि कृषि योग्य भूमि को पहले सहकारी कृषि फार्मों के रूप में संगठित किया जाना चाहिए। छोटे-छोटे जमीन के टुकड़ों पर वैज्ञानिक तरीके से खेती करना सम्भव नहीं है। सहकारी कृषि फार्मों के द्वारा कृषि की पैदावार भी अच्छी होगी तथा किसान सभी प्रकार के कर्जों से मुक्त रहेगा। सहकारी फार्मों को बाद में वे सामूहिक फार्मों के रूप में विकसित करने का सुझाव देते हैं। इस प्रकार के सामूहिक फार्म में वे कृषि उपकरणों तथा जानवरों को निजी सम्पत्ति के रूप में रखने के पक्षधर थे। सामूहिक जीवन-पद्धति विकसित होने के पश्चात् जयप्रकाश नारायण के अनुसार अन्त में 'कम्यूपन' के रूप में गाँवों को संगठित किया जाना चाहिए।

जयप्रकाश नारायण भारतीय परम्पराओं पर आधारित समाजवाद के समर्थक

जयप्रकाश नारायण का मानना था कि समाजवाद भारतीय संस्कृति का अंग रहा है। भारत में पश्चिम से समाजवाद को आयात करने की कोई आवश्यकता नहीं है। वे उदाहरण देते हुए कहते हैं कि भारत में संयुक्त परिवार तथा ग्रामीण जीवन समाजवादी सामूहिक जीवन के ही लक्षण हैं वे कहते हैं कि समाजवाद का संगठित आर्थिक सिद्धान्त अवश्य ही पश्चिम की देन है परन्तु इसका मौलिक आदर्श भारतीय संस्कृति का अंग है। 'सवै भूमि गोपाल की' का विचार भारतीय संस्कृति के समाजवादी दृष्टिकोण का प्रतीक है।

राममनोहर लोहिया से भिन्न सोचते थे जयप्रकाश नारायण

जयप्रकाश और राममनोहर लोहिया एक साथ भारत की आजादी में अपना योगदान दिया था। सन् 1943 में जयप्रकाश और राममनोहर लोहिया दोनों लोग गिरफ्तार कर लिये गये। परंतु किसी तरह वे दोनों जेल से भाग निकले। भविष्य में जयप्रकाश जी रावलपिंडी पहुँचे और वहाँ पर जयप्रकाश जी ने अपना नाम बदल लिया। परंतु ये ज्यादा दिन बाहर नहीं रह सके और एक दिन ट्रेन में यात्रा करते जुए अंग्रेज पुलिस अफसर ने दो भारतीय सैनिक की सहायता से उन्हें फिर से

गिरफ्तार कर लिया। जयप्रकाश को लाहौर की काल कोठरी में रखा गया तथा इनकी कुर्सी पर बांधकर पिटाई की गई। बाद में उन्हें वहाँ से आगरा सेन्ट्रल जेल भेज दिया गया। इसी बीच ब्रिटेन में कन्जरवेटिव पार्टी की हार हुई और लेबर पार्टी सत्ता में आयी। सत्ता सम्भालने के बाद लेबर पार्टी ने अपनी घोषणा में यह वक्तव्य जारी किया कि वह भारत को शीघ्र ही आजाद करने वाली है। जयप्रकाश नारायण का संकल्प पूर्ण हुआ। जब लेबर पार्टी ने यह घोषणा की कि वह भारत को आजादी प्रदान करेगी, उसके कुछ समय बाद उसने भारत के सपूतों के हाथ में सत्ता सौंपी। इस प्रकार अथक प्रयास के फलस्वरूप 15 अगस्त, सन् 1947 को हमारा देश आजाद हो गया।

डॉ. लोहिया और जे. पी. दोनों समाजवाद के समर्थक थे लेकिन दोनों के विचार में अंतर था। डॉ. लोहिया वास्तव में समाजवादी आन्दोलन के कीर्ति-स्तम्भ थे।

उन्होंने हर बात को भारत की अखण्डता की दृष्टि से सोचा था। समाजवादी नेताओं में जयप्रकाश और नरेन्द्रदेव पर जहाँ मार्क्सवाद का सबसे अधिक प्रभाव रहा वहाँ लोहिया पर गाँधीवादी विचारधारा का प्रभाव अधिक था। लोहिया समाजवादी धारा के गरम प्रवक्ता थे जिनके भाषण आँकड़ों और आलोचना से भरे रहते थे। लोहिया की विशेषता इस बात में थी कि "उन्होंने समाजवादी चिन्तन की समस्याओं को एशियायी दृष्टिकोण से देखने का प्रयत्न किया। वे कोरे पंथवादी नहीं थे। उन्होंने कर्म तथा चिन्तन के द्वारा मनुष्य के व्यक्तित्व के विकास की समस्या को सदैव ध्यान में रखा। वे चाहते थे कि मनुष्य के सम्पूर्ण जीवन और स्वभाव की अभिव्यक्ति हो। वे इस पक्ष में नहीं थे कि व्यक्तित्व के किसी एक विशिष्ट पहलू की एकांगी और सीमित वृद्धि हो।"

डॉ. राममनोहर लोहिया स्वाधीनता संग्राम के अग्रणी सेनानी और भारत में समाजवादी आन्दोलन के अग्रणी उन्नायक थे। वे समाजवादी विचारों के 'उग्र-प्रचारक' माने जाते थे, पर मास्को का पिछलग्गु बनने की बजाय वे गाँधीवादी समाजवाद के समर्थक थे। 1952 में वे काँग्रेस समाजवादी दल के अध्यक्ष रहे और उन्हीं के प्रयत्नों के फलस्वरूप 1953 में एशियाई समाजवादी सम्मेलन सम्पन्न हुआ। 1953 में लोहिया ने 'इक्वीडिस्टैन्ट थ्योरी' नामक पुस्तक लिखी और समाजवादियों को काँग्रेस तथा साम्यवादियों से दूर रहने का परामर्श दिया। जून, 1953 में बैतूल अधिवेशन के समय डॉ. लोहिया ने अपने सहयोगियों से काँग्रेस-सहयोगी नीति की आलोचना की। जब प्रजा समाजवादी दल काँग्रेस के प्रति मैत्री एवं समझौतावादी रूख अपनाता रहा तो उग्रवादी लोहिया ने 1955 में एक नए समाजवादी दल का निर्माण कर लिया जिसका नाम 'भारतीय समाजवादी दल' रखा गया। कुछ समय बाद वे संयुक्त समाजवादी दल के अध्यक्ष बने। लोहिया ने भारत की परराष्ट्र नीति की कटु आलोचना की। नेहरू की गुट-निरपेक्षता की नीति पर प्रहार करते हुए उन्होंने माँग की कि भारत को विदेशों में पक्के मित्रों की खोज करनी चाहिए। डॉ. लोहिया का व्यक्तित्व बहुत ही विवादास्पद रहा। उन पर मार्क्स और गाँधी दोनों का प्रभाव रहा लेकिन न वे पूरे मार्क्सवादी ही बने और न पूरे गाँधीवादी ही। वे बहुत कुछ एक 'समन्वयवादी विचारधारा' के समर्थक थे और चाहते थे कि मार्क्सवाद या गाँधीवाद का अन्धानुकरण न करके हमें इनके सिद्धान्तों की अमूल्य बातों को सीखना चाहिए।

डॉ. लोहिया ने इतिहास की नवीन व्याख्या की। उन्होंने कहा कि—"इतिहास अपने निश्चित चक्र के अनुसार घूमता रहता है। इस चक्र में पुनरावृत्ति भी होती रहती

है।" लोहिया का यह विचार विख्यात यूनानी दार्शनिक अरस्तू के 'चक्र सिद्धान्त' का स्मरण दिलाता है। इतिहास सरल रेखा की भांति आगे नहीं बढ़ता वरन् चक्रवत् गति से प्रभावित होता है। 'समय चक्र' के दौरान एक देश जो उन्नति के चरम शिखर पर है वह पतन के गर्त में गिर सकता है और एक ऐसा भी समय आ सकता है जब पतन के गर्त में गिरा हुआ देश पुनः उन्नति करने लगे। स्पष्ट है कि डॉ. लोहिया की ऐतिहासिक धारणा 'ऐतिहासिक विकास' की धारणा से भिन्न थी।

लोहिया ने मार्क्स की द्वन्द्वात्मक भौतिकवाद की धारणा को स्वीकार किया परन्तु परम्परावादी मार्क्सवादियों की तुलना में उन्होंने चेतना पर अधिक जोर दिया। लोहिया एक ऐसे सिद्धान्त की रचना के पक्ष में थे जिनके अन्तर्गत आत्मा अथवा सामान्य उद्देश्यों तथा द्रव्य अथवा आर्थिक उद्देश्यों का परस्पर ऐसा सम्बन्ध हो कि दोनों का स्वतन्त्र अस्तित्व कायम रह सके।''

लोहिया ने अपनी पुस्तक 'इतिहास चक्र' में बताया कि इतिहास में जाति और वर्गों का संघर्ष दिखाई देता है। वर्ग और जाति के बीच की यह आन्तरिक हलचल ही इतिहास को गतिशीलता प्रदान करती है। जातियों का रूप सुनिश्चित होता है जबकि वर्गों की आन्तरिक रचना शिथिल होती है और इन दोनों के बीच घड़ी के दोलक की सी आन्तरिक क्रिया होती रहती है और यही दोलक क्रिया अथवा वर्ग और जाति के बीच की आन्तरिक हलचल इतिहास को गति देती है। जातियों में प्रायः गतिहीनता और निष्क्रियता पाई जाती है। जातियाँ रूढ़िवादी शक्तियों का प्रतिनिधित्व करती है। इसके विपरीत वर्ग सामाजिक गतिशीलता की शक्तियों के साथ जातियाँ शिथिल होकर वर्गों में परिणत हो जाती है और वर्ग संगठित होकर जातियों में बदल जाते हैं।

लोहिया ने गाँधीवादी और मार्क्सवाद के सिद्धान्तों को मिलाकर भारतीय समाजवाद का निर्माण करना चाहा। उन्हे पाश्चात्य ढंग के समाजवाद का अनुकरण रुचिकर नहीं था। उन्होंने किन्हीं परम्परागत कार्यक्रमों और योजनाओं के स्थान पर मौलिक चिन्तन तथा एशियायी समाजवादियों की पहल पर ही विशेष जोर दिया। प्राचीन समाजवाद को लोहिया ने एक मृत सिद्धान्त और 'कल की बात' कहा तथा उसके स्थान पर एक नवीन समाजवाद की वकालत की। लोहिया के अनुसार इस समाजवाद के तीन मुख्य तत्व थे–सभी उद्योगों व बैंकों तथा बीमा कम्पनियों का राष्ट्रीयकरण, समूचे संसार में जीवन-स्तर का सुधार तथा एक विश्व संसद की स्थापना। उनका यह नया समाजवाद आर्थिक और राजनीतिक शक्तियों में विकेन्द्रीकरण के पक्ष में था। लोहिया का विश्वास था कि यह समाजवाद सहकारी श्रम और ग्राम

सरकार के माध्यम से व्यावहारिक रूप ग्रहण कर सकता था। 1952 में काँग्रेस समाजवादी दल के अध्यक्ष के रूप में लोहिया ने गाँधीजी के विचारों को समाजवादी चिन्तन में अधिक मात्रा में स्थान देने की बात की। उन्होंने विकेन्द्रित अर्थव्यवस्था के सिद्धान्त का प्रतिपादन किया। उन्होंने कहा कि साम्यवादियों की तरह बड़े-बड़े कारखाने न लगा कर लघु मशीनों का महत्त्व दिया जाये ताकि छोटी लागत लगाकर भी अधिकाधिक मनुष्यों को कार्य मिल सके। अपने समाजवादी सहयोगियों–जयप्रकाश नारायण, अशोक मेहता आदि से उनके नीति-विषयक मतभेद बने रहे। उन्होंने काँग्रेस ओर समाजवादियों के बीच मैत्री की समझौतावादी नीति को श्रेयस्कर नहीं माना। जून, 1953 में अशोक मेहता ने अपनी यह विचार-शृंखला प्रस्तुत की कि 'पिछड़ी हुई अर्थव्यवस्था' की क्या 'अनिवार्य मजबूरियाँ' है। इसमें उन्होंने यह स्थापित करने का प्रयत्न किया कि काँग्रेस की विचारधारा समाजवादी विचारधारा के निकटतर आती जा रही है। उन्होंने यह भी प्रस्ताव किया कि ऐसी परिस्थिति में काँग्रेस और प्रजा समाजवादी दल में सैद्धान्तिक मैत्री हो जानी चाहिए। लेकिन इसके जवाब में डॉ. लोहिया ने अपना 'समानान्तर सिद्धान्त' सामने रखा और यह युक्ति प्रस्तुत की कि समाजवादी लोग आज भी काँग्रेस से उतने ही दूर हैं जितने साम्यवादियों से और ये समानान्तर रेखाएँ अपने विचारों एवं दृष्टिकोणों के कारण कभी आपस में मिल नहीं सकती। लोहिया ने यह पसन्द नहीं किया कि प्रजा समाजवादी दल काँग्रेस से मित्रता करें और वह भी नीति-विषयक मुद्दों पर।

अप्रैल, 1966 में कोटा में संयुक्त समाजवादी दल ने अपने अधिवेशन में कुछ सिद्धान्तों को स्वीकार किया और डॉ. लोहिया के निर्देश के अधीन राजनीतिक कार्यक्रम तय किया। डॉ. लोहिया ने दल को निम्नलिखित 7 प्रस्तावों को पारित करने की सलाह दी। उनका मत था कि इन प्रस्तावों को कार्यान्वित करने पर समाजवाद के सार्वभौम सिद्धान्त को व्यावहारिक रूप दिया जा सकता था–

1. स्त्री-पुरुष समानता की स्वीकृति,
2. रंग-भेद पर आधारित असमानताओं की समाप्ति,
3. जन्म और जाति-सम्बन्धी असमानताओं की समाप्ति,
4. विदेशियों द्वारा दमन की समाप्ति और विश्व सरकार का निर्माण,
5. व्यक्तिगत सम्पत्ति पर आधारित असमानता का विरोध एवं उत्पादन की योजनाबद्ध बृद्धि,
6. व्यक्तिगत अधिकारों के अतिक्रमण का विरोध, एवं
7. युद्ध शस्त्रों का विरोध तथा सविनय अवज्ञा के सिद्धान्त की स्वीकृति।

इस प्रकार निष्कर्ष रूप में यह कहा जा सकता है कि–श्री जयप्रकाश नारायण का समाजवाद के प्रति आकर्षण का आरम्भ छात्र जीवन में हो गया था। मार्क्सवाद से उनकी राजनैतिक यात्रा प्रारम्भ हुई, जो लोकतान्त्रिक समाजवाद के रास्ते से अन्त में सर्वोदय पर जाकर समाप्त हुई। गाँधीवाद के प्रभाव के कारण जयप्रकाश नारायण समाजवादी होते भी हिंसा को समाजवाद के साधन के रूप में स्वीकार नहीं कर पाये। लोकतन्त्र के प्रति निष्ठा होने के कारण वे व्यक्ति की स्वतन्त्रता के समर्थक थे साथ ही समाजवाद को सामाजिक पुनर्निर्माण का दर्शन भी मानते थे। अतः उन्होंने लोकतान्त्रिक समाजवाद के रास्ते का ही समर्थन किया।

5

जयप्रकाश नारायण तथा सर्वोदय का दर्शन

अकेला चना क्या भाड़-फोड़ सकता है? यह सवाल हमेशा दिमाग में उठता है जब हम सरकारी सिस्टम की मार खाते हैं। लेकिन लोकतंत्र में ऐसे कई चने हुए जिन्होंने अकेले ही घड़े रूपी सरकार को तोड़ दिया। जयप्रकाश नारायण एक ऐसे ही शख्स थे जिन्होंने अपनी जिंदगी देश के नाम कर दी और अकेले दम पर तत्कालीन इंदिरा सरकार को दिन में तारे दिखला दिए।

जयप्रकाश नारायण का नाम जब भी जुबां पर आता है तो यादों में रामलीला मैदान की वह तस्वीर उभरती है जब पुलिस जयप्रकाश को पकड़ कर ले जाती है और वह हाथ ऊपर उठाकर लोगों को क्रांति आगे बढ़ाए रखने की अपील करते हैं। जयप्रकाश नारायण ही वह शख्स थे जिनको गुरू मानकर आज के अधिकतर नेताओं ने मुख्यमंत्री पद तक की यात्रा की है।

यह जयप्रकाश नारायण ही थे जिन्होंने उस समय की सबसे ताकतवर नेता इंदिरा गांधी से लोहा लेने की ठानी और उनके शासन को हिला भी दिया। लेकिन यह दुर्भाग्य की बात है कि आज उनके आदर्शों की उनकी ही पार्टी में कोई पूछ नहीं है। अमेरिका से पढ़ाई करने के बाद जे. पी. 1929 में स्वदेश लौटे। उस वक्त वह घोर मार्क्सवादी हुआ करते थे। वह सशस्त्र क्रांति के जरिए अंग्रेजी सत्ता को भारत से बेदखल करना चाहते थे, हालांकि बाद में बापू और नेहरू से मिलने एवं आजादी की लड़ाई में भाग लेने पर उनके इस दृष्टिकोण में बदलाव आया।

नेहरू के कहने पर जे. पी. कांग्रेस के साथ जुड़े, हालांकि आजादी के बाद वह आचार्य विनोबा भावे से प्रभावित हुए और उनके 'सर्वोदय आंदोलन' से जुड़े. उन्होंने लंबे वक्त के लिए ग्रामीण भारत में इस आंदोलन को आगे बढ़ाया। उन्होंने आचार्य भावे के भूदान के आह्वान का पूरा समर्थन किया।

जे. पी. ने 1950 के दशक में 'राज्यव्यवस्था की पुनर्रचना' नामक एक पुस्तक लिखी। कहा जाता है कि इसी पुस्तक को आधार बनाकर नेहरू ने 'मेहता आयोग' का गठन किया। इससे लगता है कि सत्ता के विकेंद्रीकरण की बात शायद सबसे पहले जे. पी. ने उठाई थी।

लोकनायक के बेमिसाल राजनीतिक जीवन का सबसे बड़ा पहलू यह है कि उन्हें सत्ता का मोह नहीं था, शायद यही कारण है कि नेहरू की कोशिश के बावजूद

वह उनके मंत्रिमंडल में शामिल नहीं हुए। वह सत्ता में पारदर्शिता और जनता के प्रति जवाबदेही सुनिश्चित करना चाहते थे।

पांच जून, 1975 को अपने प्रसिद्ध भाषण में जयप्रकाश ने कहा था कि "भ्रष्टाचार मिटाना, बेरोजगारी दूर करना, शिक्षा में क्रान्ति लाना आदि ऐसी चीजें हैं, जो आज की व्यवस्था से पूरी नहीं हो सकतीं, क्योंकि वे इस व्यवस्था की ही उपज हैं। वे तभी पूरी हो सकती हैं जब सम्पूर्ण व्यवस्था बदल दी जाए और सम्पूर्ण व्यवस्था के परिवर्तन के लिए क्रान्ति-'सम्पूर्ण क्रान्ति' आवश्यक है।" पांच जून, 1975 की विशाल सभा में जे. पी. ने पहली बार 'सम्पूर्ण क्रान्ति' के दो शब्दों का उच्चारण किया। उनका साफ कहना था कि इंदिरा सरकार को गिरना ही होगा।

यह क्रांति उन्होंने बिहार और भारत में फैले भ्रष्टाचार की वजह से शुरू की। बिहार में लगी चिंगारी कब पूरे भारत में फैल गई पता ही नहीं चला।

जयप्रकाश जी की निगाह में प्रधानमंत्री इंदिरा गांधी की सरकार भ्रष्ट व अलोकतांत्रिक होती जा रही थी। 1975 में निचली अदालत में गांधी पर चुनावों में भ्रष्टाचार का आरोप साबित हो गया और जयप्रकाश ने उनके इस्तीफे की मांग की। इसके बदले में इंदिरा गांधी ने राष्ट्रीय आपातकाल की घोषणा कर दी और नारायण तथा अन्य विपक्षी नेताओं को गिरफ्तार कर लिया।

जय प्रकाश नारायण की हुंकार पर नौजवानों का जत्था सड़कों पर निकल पड़ता था। बिहार से उठी सम्पूर्ण क्रांति की चिंगारी देश के कोने-कोने में आग बनकर भड़क उठी थी। जे. पी. के नाम से मशहूर जयप्रकाश नारायण घर-घर में क्रांति का पर्याय बन चुके थे। लालू प्रसाद, नीतीश कुमार, रामविलास पासवान या फिर सुशील मोदी, आज के सारे नेता उसी छात्र युवा संघर्ष वाहिनी का हिस्सा थे।

दिल्ली के रामलीला मैदान में एक लाख से अधिक लोगों ने जब जय प्रकाश नारायण की गिरफ्तारी के खिलाफ हुंकार भरी थी तब आकाश में सिर्फ उनकी ही आवाज सुनाई देती थी। उस समय राष्ट्रकवि रामधारी सिंह "दिनकर" ने कहा था "सिंहासन खाली करो कि जनता आती है"

जनवरी 1977 को आपातकाल हटा लिया गया और लोकनायक के "संपूर्ण क्रांति आदोलन" के चलते देश में पहली बार गैर कांग्रेसी सरकार बनी। इसके बाद भी जे. पी. का सपना पूरा नहीं हुआ। इस क्रांति का प्रभाव न केवल देश में, बल्कि दुनिया के तमाम छोटे देशों पर भी पड़ा था। वर्ष 1977 में हुआ चुनाव ऐसा था जिसमें नेता पीछे थे और जनता आगे थी। यह जे. पी. के करिश्माई नेतृत्व का ही असर था। जयप्रकाश मैगसायसाय पुरस्कार से सम्मानित

हुए और भारत के स्वतंत्रता संग्राम में महत्त्वपूर्ण योगदान के लिये 1998 में लोकनायक जयप्रकाश नारायण को मरणोपरान्त भारत सरकार ने देश के सर्वोच्च सम्मान भारत रत्न से सम्मानित किया। जे. पी. ने आठ अक्टूबर, 1979 को पटना में अंतिम सांस ली।

सर्वोदय की अवधारणा

"सर्वोदय का किसी के साथ विरोध रहने का कोई कारण नहीं। अवश्य ही उसका उन सबके विचारों से विरोध है जो यह मानते हैं कि सबका उदय न हो, कुछ थोड़े ही लोगों और विशिष्टों का ही हो, तथा कुछ जातियाँ या लोग दूसरों से श्रेष्ठ हैं और उन्हीं के हाथों में सत्ता रहे।"–विनोबा।

'सर्वोदय' शब्द आज अपरिचित नहीं है। गाँधी की मृत्यु के बाद उनके साथियों और अनुयायियों ने विनोबा के परामर्शानुसार 'सर्वोदय समाज' नामक एक 'संगठनहीन संगठन' की स्थापना की और इस प्रकार 'सर्वोदय' शब्द प्रचलित हुआ। गाँधीजी ने सर्वप्रथम इस शब्द का प्रयोग जोन रक्सिन की विख्यात पुस्तक 'अन्टू दिस लॉस्ट' का सार प्रकट करने के लिये किया था। गाँधी जी रक्सिन की पुस्तक से बड़े प्रभावित हुए थे। इस पुस्तक ने उनकी इस भावना को दृढ़ किया था कि सबकी भलाई में ही अपनी भलाई है, सबको आजीविका का समान अधिकार है, सभी कामों की कीमत एक-सी होनी चाहिए। गाँधीजी का यह विश्वास दृढ़ हुआ था कि 'अधिकतम लोगों का अधिकतम हित' वाला सिद्धान्त गलत है पर हमारा ध्येय सभी का अधिकतम हित होना चाहिए। गाँधी की मृत्यु के बाद गाँधी के इसी आदर्श को पूरा करने का बीड़ा विनोबा ने उठाया।

'सर्वोदय' का सीधा सरल अर्थ 'सबका उदय' है, पर एक विचार के रूप में इसके अर्थ बहुत गहरे हैं। इसका जितना अधिक चिन्तन और प्रयोग किया जायेगा, उतना ही अधिक अर्थ स्पष्ट होता जाएगा। सर्वोदय की विशेषता उसकी समन्वयात्मक प्रवृत्ति है, यह सभी विचारों के अच्छे अंश को ग्रहण करता है और दोषों को छोड़ देता है। इसका आधारभूत सिद्धान्त 'अद्वैत' है, अर्थात् सर्वोदय विचार सम्पूर्ण सृष्टि की, जिसका मानव एक अंग है, एकता में विश्वास रखता है और इसीलिए यही नहीं मानता कि व्यक्तियों, समूहों, वर्गों तथा राष्ट्रों के हित भिन्न-भिन्न और विरोधी हो सकते हैं। यदि हमें हितों में विरोध प्रतीत होता है तो इसका कारण हमारी गलत धारणाएँ और हमारा गलत आचार ही है। यदि हम मानव-हितों की एकता में विश्वास पैदा करें तो हम 'सर्वोदय' की वास्तविकता के निकट पहुँच सकेंगे। 'सर्वोदय' में यह

मान्यता, निहित है कि मानव-आत्मा पवित्र है और स्वतन्त्रता, समानता, न्याय तथा बन्धुत्व के आदर्शों को हमें अत्यधिक महत्व देना चाहिए।

सर्वोदय भावना और आचरण का एक अच्छा उदाहरण एक ऐसे आदर्श परिवार का होगा जिसके सदस्यों के सम्बन्ध आपसी व्यवहार की सच्चाई, प्रेम और कल्याण पर आधारित होते हैं। गलत आचरण करने वाले सदस्य के बारे में यह सहिष्णुतापूर्ण विश्वास होता है कि वह अपनी भूल समझकर सही मार्ग पर आ जाएगा। इसीलिए उसे सुधारने का ही प्रयास किया जाता है। परिवार के सदस्य मानव-स्वभाव को 'सद्' मानकर चलते हैं। ऐसे परिवार में विवेकपूर्ण समानता बरती जाती है। व्यक्तिगत उपयोग की वस्तुएँ तो सदस्यों के अपने पास रहती है, पर शेष वस्तुओं पर पूरे परिवार का अधिकार माना जाता है और आवश्यकता होने पर व्यक्तिगत उपयोग की वस्तुओं को भी दूसरों को देने की तैयारी रहती है। सर्वोदय का सन्देश है कि पूरे समाज में इसी प्रकार की कौटुम्बिक भावना पाई जानी चाहिए। पर जहाँ प्रचलित कुटुम्ब जन्म और विवाह पर आधारित है, वहाँ सर्वोदय का कौटुम्बिक समाज समानतामूलक और मैत्री-प्रधान होगा तथा ऐसे समाज में व्यक्ति का व्यक्तित्व समाप्त न होकर निरन्तर अधिक विकसित ही बनेगा।

सर्वोदय एक जीवन-व्यापी क्रान्ति है। व्यक्तिगत एवं सामाजिक जीवन के सब पहलुओं में आमूल क्रान्ति करना—यही सर्वोदय का अन्तिम ध्येय हैं। सर्वोदय मानवकृत विषमता का निराकरण करना चाहता है। जीव मात्र के लिये, प्राणि-मात्र के लिये समादार, प्रत्येक के प्रति सहानुभूति ही सर्वोदय का मार्ग है। सर्वोदय समान-निरपेक्ष, शाश्वत और व्यापक मूल्यों की स्थापना करना चाहता है। यह बाधक मूल्यों का निराकरण करना चाहता है। "सर्वोदय ऐसे वर्ग-विहीन, जाति-विहीन और शोषण-विहीन समाज की स्थापना करना चाहता है जिसमें प्रत्येक व्यक्ति और समूह को अपने सर्वांगीण विकास के साधन और अवसर मिले। यह क्रान्ति अहिंसा और सत्य द्वारा ही सम्भव है। सर्वोदय इसी का प्रतिपादन करता है।" सर्वोदय इस बात को स्वीकार नहीं करता कि मानव का आपस-आपस में विरोध हो या एक का हित दूसरे के हित के विरुद्ध हो।" लड़का में विचार-भेद हो सकता है, लेकिन हित-विरोध नहीं। भिन्न-भिन्न विचार हों, तो ऐसे अनेक विचार मिलकर एक पूर्ण विचार बन सकता है, क्योंकि किसी एक आदमी को पूर्ण विचार सूझे, यह सम्भव नहीं है। एक को एक अंग सूझेगा, दूसरे को दूसरा, तो तीसरे को तीसरा। इस तरह मिलकर एक पूर्ण विचार होगा। इसलिए विचार-भेदों का होना जरूरी है। इसमें दोष नहीं, बल्कि गुण ही है, लेकिन हितों में विरोध नहीं होना चाहिए।"

"सर्वोदय में आत्म-निर्भरता का भाव निहित है। इससे यह प्रेरणा मिलती है कि हमें अपनी कमाई का खाना चाहिए, दूसरे की कमाई का नहीं खाना चाहिए। हमें अपना भार दूसरों पर नहीं डालना चाहिए। दूसरे का धन किसी तरह लें ले, इसे 'अपनी कमाई' नहीं कहा जा सकता। कमाई का अर्थ है, प्रत्यक्ष पैदाइश। यदि हम इन दो नियमों का पालन करें तो सर्वोदय-समाज का प्रचार दुनिया में हो सकेगा।" सर्वोदय अस्पृश्यकता को मानवता के माथे पर सबसे बड़ा कलंक मानता है। यह एक बड़ी कष्टमय स्थिति है कि हम भंगी को अछूत करार देकर उससे ऐसा काम करवाते हैं कि फिर उसे दूसरे धन्धों में प्रवेश न मिले। "इस गुलामी से तो हमें उन्हें मुक्त करना ही पड़ेगा। इसके लिये हम सबको भंगी बनना चाहिए या उस काम को ऐसा स्वरूप देना चाहिए, जिसे हर कोई कर सकें।"

सत्य में विश्वास सर्वोदय की प्राण-शक्ति है। "सर्वोदय-समाज की कल्पना क्या है? मैं सब में हूँ और मुझमें सभी है। इसलिए मैं अपनी निजी जीवन में, व्यापार-व्यवसाय में, सामाजिक जीवन में और हर जगह असत्य का व्यवहार नहीं कर सकता, क्योंकि अगर सब जगह मैं ही हूँ तो असत्य कैसे शोभा देगा ? कैसे और किससे छिपाया जाए ? जिससे छिपाना है,, वह भी मैं ही हूँ न–इस प्रकार की महान सत्य निष्ठा ही सर्वोदय की बुनियाद है।

विनोबा जी के अनुसार, "सर्वोदय-क्रान्ति की प्रक्रिया त्रिकोणात्मक है, और यह त्रिभुज 'हृदय-परिवर्तन', 'विचार-परिवर्तन' तथा 'परिस्थिति-परिवर्तन' की तीन रेखाओं से बनता है। इसका अर्थ है कि कुछ लोग तो विचार समझ जाने पर अपना जीवन बदल लेते हैं, कुछ के हृदय पर असर डालना पड़ता है, और शेष परिस्थिति से विवश होकर अपना जीवन बदलते हैं। इस प्रकार पूरा समाज बदल जाता है। 'सर्वोदय' मानता है कि वास्तविक परिवर्तन तो जीवन के मूल्यों का ही परिवर्तन है। ऐसा ही परिवर्तन टिकने वाला है। क्रान्ति का अर्थ ही समाज और व्यक्ति के जीवन-मूल्यों में बहुत बड़ा परिवर्तन है। इस प्रकार का परिवर्तन बल-प्रयोग द्वारा नहीं, वरन् धैर्य से समझा-बुझाकर, अपने स्वयं के जीवन को नए मूल्यों के अनुसार ढालकर तथा उनके लिये कष्ट सहकर दूसरों को प्रभावित करके ही किया जा सकता है। दूसरे शब्दों में, यह परिवर्तन अहिंसा द्वारा ही हो सकता है।"

सर्वोदय मार्क्सवाद, श्रम-संघवाद, श्रेणी-समाजवाद जैसी समाजवादी विचारधाराओं से भिन्न हैं ये विचारधाराएँ केवल श्रमजीवी वर्ग के हितों पर जोर देती हैं और पूँजीपति वर्ग के समूल विनाश की आकाँक्षी है, लेकिन सर्वोदय तो यह मानकर चलता है कि इस प्रकार का कोई भी वर्गभेद समाज तथा सामाजिक

जीवन में अस्वाभाविक है। मनुष्य में प्रकृति से ही प्रेम और सहयोग की भावनाएँ प्रबल है, अतः संकीर्ण भावनओं के आधार पर, द्वेष और संघर्ष के आधार पर, समाज को विभाजित करना सर्वथा अनुचित है। जहाँ मार्क्सवाद मनुष्य को पूर्णतः भौतिकवादी प्राणी मानते हुए उसके आध्यात्मिक मूल्यों को अस्वीकार करता है, वहाँ सर्वोदय मनुष्य के नैतिक मूल्य में विश्वास करता है—उसके आध्यात्मिक मूल्यों का जयघोष करता है। फेबियनवाद भी सर्वोदय के आदर्श को नहीं छू सका है। फेबियनवाद व्यक्ति के सबसे कल्याण के लिये अपना बलिदान कर देने का अनुरोध नहीं करता। इसके विपरीत, सर्वोदय का लक्ष्य कुछ या बहुत से व्यक्तियों का उत्थान नहीं है, अधिकतम संख्या का उत्थान भी नहीं है वरन् सबके उत्थान का है—ऊँचे का भी और नीचे का भी, सबल का भी, बुद्धिमान का भी तथा बुद्धिमान का भी। सर्वोदय सम्पूर्ण समाज के उत्थान को अपना लक्ष्य मानता है। अपनी इसी विशेषता के कारण यह उपयोगितावाद से भी श्रेष्ठ है, जो अधिकतम संख्या के अधिकतम सुख को ही अपना लक्ष्य मानता है। सर्वोदय का आदर्श तो 'जीओ और जीने दो' के आदर्श से भी ऊँचा है, क्योंकि इसका आदर्श है—'दूसरों के लिये जीओ।' इसमें सन्देह नहीं कि सर्वोदय में हम भारतीय संस्कृति के महानतम मूल्यों का दर्शन करते हैं। यह भारतीय वेदान्त दर्शन का व्यावहारिक रूप है। सर्वोदय के ये लक्षण इसे समाजवाद के सभी पाश्चात्य रूपों से भिन्न और विभिन्न बना देते हैं। जहाँ पाश्चात्य समाजवादी हित का अभिप्राय भौतिक अथवा आर्थिक हित से लेते हैं वहाँ सर्वोदय आध्यात्मिक विकास को प्रधानता देता है, सर्वांगीण हित की कामना करता है, कुछ या बहुत या अधिकतम की नहीं अपितु सबकी प्रगति की आकांक्षा रखता है।

सर्वोदय हमें तुच्छ स्वार्थों से ऊपर और समन्वयकारी प्रवृत्ति का विकास करने का उद्देश्य देता है। यह एक अत्यन्त ऊँचे लक्ष्य की ओर संकेत करता है। यह बतलाता है कि मानव समाज के कल्याण के लिये हमें परिवार, स्वजन, ग्राम, नगर, जाति, धर्म, राष्ट्र आदि की संकीर्ण भावनओं से ऊपर उठकर कार्य करना होगा। हमारे चिन्तन और व्यवहार में संकीर्णता का समावेश नहीं होना चाहिए अन्यथा हम 'सबके उदय' के लक्ष्य से पिछड जायेंगे। सर्वोदय समाज की कल्पना एक इकाई की कल्पना है। तदनुसार हमें समाज को एक शरीर के रूप में देखना चाहिए। सम्पूर्ण समाज का व्यक्तित्व एक है। जिस प्रकार शरीर के किसी एक अंग को आराम देने के लिये दूसरे अंग को कष्ट देना भारी मूर्खता होगी उसी प्रकार समाज के एक अंग को पीड़ित करना सम्पूर्ण समाज को हानि पहुँचाना होगा। जिस प्रकार आँखों की ज्योति बढ़ाने

के लिये घी खाने पर उसका लाभ केवल आँखों को ही नहीं बल्कि शरीर के सभी अंगों को मिलेगा, उसी प्रकार समाज के एक व्यक्ति का हित सार्वजनिक हित में अभिवृद्धि करेगा, क्योंकि मानव शरीर की रचना केवल हाड़-माँस से नहीं अपितु मन और हृदय से भी हुई है।

सर्वोदय में साध्य और साधन दोनों की पवित्रता अपेक्षित है। पवित्र उद्देश्य की प्राप्ति के लिये साधन भी पवित्र ही होने चाहिए क्योंकि साधन की अपवित्रता लक्ष्य की पवित्रता को नष्ट कर देती है। नैतिकता सर्वोदय का मूल मन्त्र है। यहाँ हमें सर्वोदय और साम्यवाद में स्पष्ट ही एक बुनियादी अन्तर दिखाई देता है। मार्क्सवाद-साम्यवाद वर्गविहीन समाज की स्थापना के लिये, पूँजीवाद के उन्मूलन के लिये हिंसात्मक साधनों और रक्त-रंजित क्रान्ति का उपदेश देता है। वहाँ सर्वोदय में अहिंसा को सर्वोपरि स्थान है और साध्य तथा साधन की पवित्रता प्रथम वस्तु है।

सर्वोदयी समाज का रूप

आज 'सर्वोदय' भावना का अभाव पाया जाता है, क्योंकि समाज का ढाँचा गलत है। विनोबा और अन्य सर्वोदयी विचारकों ने अपने इच्छित सर्वोदयी समाज के सम्बन्ध में विचार व्यक्त किए हैं। विशेषतः उन्होंने उन सिद्धान्तों का स्पष्टीकरण किया है, जिनके आधार पर समाज का पुनर्निर्माण किया जाना चाहिए। इस कल्पित सर्वोदयी समाज के पूरे ढाँचे को हम तीन भागों में बाँट सकते हैं—सामाजिक, आर्थिक तथा राजनीतिक।

सामाजिक संरचना

सामाजिक संरचना की दृष्टि से सर्वोदयी समाज का प्रमुख आधार सिद्धान्त 'समानता' है। सर्वोदय किसी गणितीय समानता की बात नहीं करता विवेकपूर्ण समानता का समर्थक है। सर्वोदयी विचारक मानते हैं कि समाज में कुछ न कुछ अन्तर तो बना रहेगा, लेकिन उस प्रकार की विषमता नहीं होगी, जो आज पाई जाती है। सर्वोदयी समाज में ऊँच-नीच का भेद नहीं होगा और शोषण तथा आर्थिक विषमताओं को बल देने वाले तत्व नहीं होंगे। स्त्रियों को पुरुषों की भाँति आर्थिक और वैधानिक अधिकार प्राप्त होंगे, समाज में दोनों का दर्जा बराबर होगा।

इस विवेकपूर्ण समानता के लिये सर्वोदयी विचारक कुछ आवश्यकताओं पर बल देते हैं—(1) पहली आवश्यकता यह है कि समाज में शरीर-श्रम को प्रतिष्ठा दी

जाये, उसे बुद्धि-श्रम के बराबर महत्व प्राप्त हो। आज के समाज की एक बड़ी कमजोरी यही है कि वह 'हुजूर' (बुद्धिजीवी) और 'मजूर' (श्रमजीवी) में विभाजित है तथा श्रमजीवियों को हीन दृष्टि से देखा जाता है। इस खाई को पाटने के लिये सर्वोदयी समाज में शरीर श्रम यथासम्भव सबके लिये अनिवार्य होगा, यह अलग बात है कि कुछ लोग शरीर श्रम अधिक करें तो कुछ बुद्धि श्रम अधिक करें। लेकिन यह निश्चित है कि दोनों प्रकार के श्रम करने से व्यक्ति और समाज दोनों को लाभ होगा और समाज का सन्तुलित विकास सम्भव हो सकेगा। (2) शरीर श्रम के कामों में विनोबा ने कृषि-कार्य को प्राथमिकता दी है। उनका विचार है कि यह कार्य मानव के सम्पूर्ण स्वास्थ्य की दृष्टि से सर्वोत्तम है, अतः अधिकाधिक लोगों को इस काम में हाथ बँटाने का अवसर मिलना चाहिए। प्रकट है कि सर्वोदय ग्रामीण सभ्यता का पक्ष पोषक है तथा नगरों को बढ़ती हुई संख्या को समाजशास्त्रीय दृष्टि से हानिकारक मानता है। (3) सर्वोदय का आग्रह है कि निजी सम्पत्ति की मात्रा सीमित होनी चाहिए। निजी सम्पत्ति का अधिकार व्यक्तिगत उपयोग की वस्तुओं तक रहना चाहिए। उत्पादन के ऐसे साधनों पर निजी स्वामित्व नहीं होना चाहिए जिनसे शोषण की प्रवृत्ति को बल मिलता हो। (4) सामाजिक विषमता का भारतीय समाज में घनिष्ठ सम्बन्ध वर्ण-व्यवस्था के मूल में कुछ वैज्ञानिक तत्व हैं जिन्हें भावी व्यवस्था में स्थान मिलना चाहिए। लेकिन उनका यह भी कहना है कि खान-पान, विवाह आदि के सम्बन्ध में जो अनुचित प्रतिबन्ध प्रचलित है उन्हें समाप्त किया जाना चाहिए। स्पष्ट है कि सर्वोदय वर्तमान प्रचलित वर्ण-व्यवस्था के विरुद्ध हैं। किन्तु वह एक दूसरी प्राचीन व्यवस्था को जीवित करना चाहता है और वह है आश्रम-अवस्था जो मानव के सम्पूर्ण जीवन को ब्रह्मचर्य, गृहस्थ, वानप्रस्थ और सन्यास के चार आश्रमों में विभाजित करती है।

संक्षेप में, "सर्वोदगी समाज की सामाजिक संरचना समानता, शरीर श्रम और अपरिग्रह पर आधारित होगी। उससे ग्रामीण सभ्यता को प्रधानता मिली हुई होगी, वर्ण-भेद नहीं होंगे और उसमें व्यक्ति जीवन के चार आश्रमों का, विशेषतः वानप्रस्थाश्रम का, पालन करता हुआ होगा।"

आर्थिक सरंचना

सर्वोदयी समाज की आर्थिक संरचना के सम्बन्ध में चार सिद्धान्त हैं—(1) सादा और सरल जीवन, (2) विकेन्द्रीकरण, (3) स्वावलम्बन, और (4) सहयोग। सर्वोदय के अनुसार 'सादा और सरल जीवन' उच्च मानसिक जीवन एवं आध्यात्मिक

जीवन के लिये अनिवार्य हैं। हमारी भौतिक आवश्यकताएं तो अवश्य पूरी होनी चाहिए, लेकिन एकमात्र अथवा सीमा के बाद भौतिक वस्तुओं के पीछे दौड़ना अनुचित है। 'विकेन्द्रीकरण' से आशय यह है कि सर्वोदयी समाज में यथासम्भव गृह-उद्योगों द्वारा ही उत्पादन होना चाहिए, पर सर्वोदय को इसमें कोई आपत्ति नहीं है कि मूल उद्योग बड़े पैमाने वाले हों। सर्वोदय की मुख्य आपत्ति तो इस बात पर है कि आज के आविष्कार समाज को केन्द्रीयकरण की ओर ले जा रहे हैं, अतः दिशा-परिवर्तन होना चाहिए और ऐसे आविष्कारों को प्रोत्साहन मिलना चाहिए, जो गृह उत्पादन को बढ़ाएं और उन्हें अधिक कार्यक्षम बनायें। आज का बढ़ता हुआ केन्द्रीयकरण हर समाज और देश के लिये खतरनाक है। 'स्वावलम्बन' का अर्थ यह है कि ''यथासम्भव गाँव या पास के गाँवों से मिलकर बने क्षेत्र को अपनी बुनियादी आवश्यकता में, अर्थात् भोजन, वस्त्र और घर के मामले में, स्वावलम्बी होना चाहिए। वैसे, कुछ वस्तुओं के लिये अनिवार्य होने पर क्षेत्र बड़ा अथवा प्रादेशिक भी हो सकता है।'' 'सहयोग' सिद्धान्त का अर्थ है कि समाज में स्पर्द्धा का स्थान सहयोग को लेना चाहिए। कुटुम्ब का सहयोगी संस्था है और समाज को भी वैसा ही होना चाहिए। यह सहयोग ऊपर से थोपा गया न होकर स्वेच्छा से विकसित होना चाहिए।

स्पष्ट है कि सर्वोदय समाज की आर्थिक संरचना में क्रान्तिकारी परिवर्तन करना चाहता है। डॉ. टण्डन के शब्दों में, ''सर्वोदयी समाज में यथासम्भव गृह-उद्योग और छोटे उद्योग होंगे। ग्राम या छोटे-छोटे क्षेत्र अपनी बुनियादी आवश्यकताओं में स्वाश्रयी होंगे। इस समाज का रहन-सहन सादा होगा और स्पर्द्धा का स्थान सहयोग लेगा। इसके अतिरिक्त ग्रामों में भूमि पर स्वामित्व गाँवों का होगा, किन्तु यह किसानों की स्वेच्छा पर निर्भर करेगा कि वे सामूहिक खेती करते हैं अथवा सहकारी या व्यक्तिगत। ....सामुदायिक खेती चाहे हो या न हो, इतना अवश्य है कि गाँवों में एक ऐच्छिक सहकारी संस्था होगी और खेती के बहुत से काम सहकारिता के आधार पर होंगे। ग्राम पंचायत लगान वसूल करेगी और सरकार को देगी।

विनोबा का विचार है कि लगान अनाज के रूप में लेना चाहिए। गाँव के कारीगरों तथा वैद्य जिसे जन-सेवकों को उत्पादन में से कुछ भाग मिलना चाहिए। गाँव की आमदनी कुछ भाग गाँव के अनाथों, अपंगों तथा बूढ़ों को जीवन-खर्च के लिये दिया जाया करेगा अथवा संकट के काल में उसका उपयोग होगा। गाँव के विवाह गाँव के खर्चे से हुआ करेंगे। ऋण लेने की अनुमति किसी भी व्यक्ति को नहीं होगी।

गाँवों में वहाँ के कच्चे माल से पक्का माल बनेगा और इस प्रकार गाँव का जीवन, खेती तथा उद्योग, दोनों पर निर्भर करेगा। बिक्री या खरीद के लिये गाँव में सहकारी दूकान होगी। अधिकाशँ उद्योगों में स्वामी ही कारीगर होगा। यदि कोई उद्योग परिवार की शक्ति के बाहर का है, तो उस पर आवश्यकतानुसार अधिकार ग्राम, क्षेत्र, प्रदेश या राष्ट्र का होगा और वही उसका संचालन करेगा। उनकी प्रबन्ध समितियों में मजदूरों के भी प्रतिनिधि होंगे। आधुनिक अर्थ-व्यवस्था के कारण नगरों की संख्या बढ़ रही है और उनकी आबादी में वृद्धि होती जा रही है। इससे समाजशास्त्रीय समस्याएँ उत्पन्न हो रही है। इन नगरों का सबसे बड़ा दोष यह है कि पड़ोसियों में न तो परस्पर परिचय होता है और न किसी प्रकार का सामुदायिक भावना। इनका वातावरण सर्वोदयी मूल्यों की स्थापना के प्रतिकूल पड़ता है। अतः सर्वोदय विचार नगरों के अनुकूल नहीं है। किन्तु इसका अर्थ यह नहीं है कि नगर समाप्त कर दिए जायेंगे। यह अवश्य है कि नए समाज में उनका मूल्य घट जायेगा और उनकी वृद्धि पर रोक लगेगी। बड़े-बड़े नगरों को भी यथासम्भव विकेन्द्रित करने की चेष्टा हो सकती है। ऐसा प्रतीत होता है कि सर्वोदयी समाज में छोटे कस्बों की संख्या में वृद्धि होगी। इसमें नागरिकों को वे सुविधाएँ प्राप्त होंगी, जो आज बड़े नगरों में उपलब्ध है। इन छोटे कस्बों में सामुदायिक भावना का विकास हो सकेगा और उनमें से बहुत से वे अवगुण न होंगे। जिनके कारण आज नगरों का जीवन अभिशाप बनता जा रहा है।”

राजनीतिक संरचना

सर्वोदय समाज में आधुनिक राजनीतिक संगठन से सन्तुष्ट नहीं है। वह आज की प्रचलित लोकशाही को सही लोकशाही नहीं मानता, क्योंकि यह लोकशाही पुलिस और सेना पर ही आखिरी भरोसा रखती है। नागरिक केवल कहने के लिये मालिक है अन्यथा वास्तविक सत्ता थोड़े से ऊपर के लोगों और नौकरशाही के हाथ में केन्द्रित रहती है। अतः सर्वोदय इसके स्थान पर सच्ची लोकशाही स्थापित करना चाहता है जिसे उसने ‘लोकनीति’ की संज्ञा दी है। सर्वोदय चाहता है कि हमारी जीवन-पद्धति ऐसी हो कि हमें सही रास्ते पर रखने के लिये पुलिस, सेना आदि की जरूरत ही न पड़े या तो हम स्वयं से ही आचरण करें अथवा समाज की परम्पराएँ और जनमत हमें सही दिशा में चलने के लिये विवश करें। सामाजिक व्यवस्था ऐसी होनी चाहिए जिसमें यद्यपि व्यक्ति को अधिकतम स्वतन्त्रता प्राप्त हो, लेकिन वह उसका दुरूपयोग न करे। यह व्यवस्था ऐसी होनी चाहिए कि व्यक्ति में सद्प्रवृत्तियों को

प्रोत्साहन मिले और बुरी प्रवृत्तियों का विरोध हो। लोकनीति का अर्थ यह भी हो कि सामाजिक परिवर्तन समझा-बुझाकर और हृदय-परिवर्तन द्वारा लाया जाए, बल प्रयोग या जोर-जबरदस्ती से नहीं।

लोकनीति की स्थापना के लिये सर्वोदय चार बातों को आवश्यक मानता है–

1. लोक-कल्याणकारी राज्य के स्थान पर लोक-कल्याणकारी समाज की प्रस्थापना हो। अर्थात् जो सुविधाएँ नागरिकों को राज्य द्वारा मिलना अपेक्षित है, वे उन्हें अपनी ऐच्छिक संस्थाओं द्वारा प्राप्त हों। राज्य की सुविधा-सहायताएँ तो नागरिकों को पंगु बना देती है और उनके जीवन में राज्य का हस्तक्षेप भी बढ़ता है।
2. समाज में निर्णय लेने की प्रणाली बदली जानी चाहिए। प्रचलित बहुमत प्रणाली दोषपूर्ण है। निर्णय या तो सर्वसम्मति से लिये जाने चाहिए अथवा किसी बड़े विशाल बहुमत से। इससे बहुमत और अल्पमत के झगड़े मिटेंगे और लोगों में यह प्रवृत्ति विकसित होगी कि समस्याओं पर अपने संकुचित स्वार्थ की दृष्टि से न देखकर सबके हित की दृष्टि से देखेंगे।
3. वर्तमान दलीय व्यवस्था को धीरे-धीरे समाप्त कर दिया जाना चाहिए, क्योंकि यह व्यवस्था आपसी मतभेदों को बढ़ाती है और इन्हीं के आधार पर जीवित रहती है। राजनीतिक दल सिद्धान्त और व्यवहार दोनों दृष्टियों से अनुचित है। सिद्धान्त की दृष्टि से वह गलत इसलिए है कि उनका आधार ही यह है कि नागरिकों के हितों में विरोध होता है अतः उनके मतों मे अन्तर रहेंगे ही। व्यवहार की दृष्टि से राजनीतिक दल इसलिए गलत है कि वे आपसी फूट को बढ़ाते हैं और दलीय अनुशासन के नाम पर व्यक्ति की अन्तरात्मा को कुचलकर अपनी सफलता के उचित-अनुचित तरीकों को अपनाते हैं।
4. सर्वोदयी प्रचलित निर्वाचन प्रणाली को दूषित मानते हैं, क्योंकि इसमें धन का अपव्यय होता है, शक्ति का अपव्यय होता है और अधिकशंतः साधारण कोटि के व्यक्ति ही चुने जाकर प्रकाश में आते हैं। सर्वोदय का विचार है कि ''सबसे नीचे वाली पंचायतों को छोड़कर ऊपर की प्रतिनिधि संस्थाओं के लिये प्रतिनिधि या तो अप्रत्यक्ष चुनाव प्रणाली या किसी ऐसी संशोधित प्रत्यक्ष प्रणाली द्वारा चुने जाने चाहिए जिनमें प्रचलित प्रणाली के दोष न हो।' इस प्रकार की संशोधित प्रणाली का प्रस्ताव मुख्यतः जयप्रकाश नारायण का है। सर्वोदय का यह भी कहना है कि जनता को शासन में प्रत्यक्ष रूप से अधिकाधिक भाग लेने का अवसर मिलना चाहिए।

काका कालेलकर ने आचार्य विनोबा के विचारों का विश्लेषण करते हुए 'सर्वोदय समाज की रचना' को सारगर्भित रूप में इस प्रकार प्रस्तुत किया है–"आइन्दा के लिये समाज-रचना नए ढंग से ही करनी होगी। धर्म भेद को महत्व नहीं दिया जाएगा। जाति भेद को तो तोड़ना ही होगा। लोगों में सामाजिकता, राष्ट्रीयता, उद्योगिता, सर्वोदय वृत्ति का पोषण पूरे वर्ग से करना होगा। प्राथमिक, माध्यमिक और उच्च शिक्षा का प्रचार गाँवों में इतनी मात्रा में होना चाहिए कि उच्च शिक्षा के लिये भी गांव वालों को शहरों की ओर न दौड़ना पड़ें। उत्तम रास्ते, उत्तम स्वच्छता, आरोग्य के लिये सब तरह की शिक्षा व सहायता गाँवों को मिलनी चाहिए। शहरों के दोष व दुर्गुण गाँवों में जोरों से फैल रहे हैं। उनको रोकने की कोशिश तो करनी ही चाहिए। लेकिन एक काम कष्ट-साध्य और काल-साध्य हैं। गाँवों का विकास इस तरह से होना चाहिए कि शहरों की प्रतिष्ठा आप ही आप कम हो जाये और शहर ऐसे टूटें कि शहर और गाँव का भेद ही रहने न पाए। यातायात के साधन बढ़ते जायेंगे। शिक्षा और संस्कारिता का प्रचार जोरों से होगा। नेता लोग सारे देश में सेवा-भाव से घूमते रहेंगे। ग्रामोद्योग का आधुनिक ढंग से विकास होगा और सच्चे स्वराज्य का आध्यात्मिक वायुमण्डल सर्वोदय के द्वारा समस्त प्रजा में फैल जायेगा। तब ग्राम-युग की स्थापना होगी। इसके लिये आज के बड़े-बड़े शहरों को यथासम्भव आत्म-बलिदान करना पड़ेगा और तब जाकर अहिंसक समाज की स्थापना सारी दुनिया में हो सकेगी। इसमें यन्त्रोंद्योगों का विरोध नहीं, नाश नहीं, नियन्त्रण करना पड़ेगा, ताकि यन्त्र ही मनुष्य जीवन पर सवार न हो जायें। पूर्व तैयारी के बिना राजसत्ता का विकेन्द्रीकरण करने से लाभ नहीं होगा। शुद्ध, समृद्ध, समर्थ और सुखी जीवन को केन्द्रित करना है–वही होगा सर्वोदय।"

सर्वोदयी समाज की सामाजिक, आर्थिक और राजनीतिक संरचना का जो चित्र प्रस्तुत किया गया है, उससे हमारे समक्ष सर्वोदय के प्रमुख आधार स्पष्ट है–(1) अहिंसा, (2) विवेकपूर्ण समानता (3) शरीर-श्रम और अपरिगह (4) सादा और सरल जीवन (5) विकेन्द्रीकरण (6) स्वावलम्बन और सहयोग (7) आर्थिक समानता (8) कुटीर एवं ग्रामोद्योग की प्रधानता (9) आवश्यकता से अधिक वस्तुओं का रखना समाज के दूसरे लोगों को उन वस्तुओं से वंचित करना है। उचित यही है कि प्रत्येक व्यक्ति अपनी सम्पत्ति का अपने को स्वामी न मानकर ट्रस्टी समझे तथा सार्वजनिक हित को ध्यान में रखते हुए ही उसका उपभोग करें।

सर्वोदय और अन्तर्राष्ट्रीयता

सर्वोदय व्यक्तिगत और राष्ट्रीय जीवन की भाँति अन्तर्राष्ट्रीय क्षेत्र में भी सत्य और अहिंसा के उपयोग का समर्थक है। सन्त विनोबा ने 'जयहिन्द' के स्थान पर 'जय जगत' का नारा दिया। जिस प्रकार किसी समाज के व्यक्ति-सदस्यों के हितों में कोई विरोध नहीं हैं, वैसा ही राष्ट्रों के बारे में है। सर्वोदय के अनुसार इस प्रकार की धारणा अनुचित है कि देश में राजनय को राष्ट्रीय हितों के स्वार्थों को ध्यान में रखते हुए वैदेशिक नीति में परिवर्तन करते रहना चाहिए। सर्वोदय की दृष्टि में ऐसा विचार संकीर्ण और अदूरदर्शी है जिससे न तो देश का ही कल्याण होगा न जगत का ही। महात्मा गाँधी ने एक बार कहा था कि–"हम अपने देश के लिये स्वतन्त्रता चाहते हैं, पर दूसरों का शोषण करके या उन्हें हानि पहुँचाकर नहीं। ......मेरे देश को स्वतन्त्र होना चाहिए जिससे यदि आवयकता हो, तो संसार के लाभ के लिये मर सके। .....राष्ट्रीयता को मेरी धारणा यह है कि मेरा देश इसलिए मर सके कि मानव जाति जीवित रह सके। इसमें जाति-द्वेष के लिये स्थान नहीं है।" गाँधी का यह वचन सर्वोदय का एक आधारभूत सिद्धान्त है, जो संकीर्ण राष्ट्रीयता का आने पास फटकने तक नहीं देता। सन्त विनोबा ने एक ऐसे अन्तर्राष्ट्रीय समाज की कल्पना की है जिसमें मानव निर्मित दीवारें नहीं होंगी और लोगों को दूसरे देशों में जाने, अध्ययन और व्यापार करने की उसी प्रकार छूट होगी जैसे कि नागरिकों को अपने देश में प्राप्त है। सन्त विनोबा एक विश्व-सरकार के भी समर्थक थे पर उनकी कल्पना के अनुसार ऐसी विश्व सरकार के पास न तो सेना होगी और न पुलिस। उसके हाथ में अधिकतम नैतिक सत्ता और न्यूनतम भौतिक सत्ता होगी। वह दुनिया के चुने हुए नीतिशास्त्र सम्पन्न और राग-द्वेष रहित ज्ञानियों की सरकार होगी जो लोगों को सलाह दिया करेगी। उस सलाह में परिस्थितियों के अनुसार अन्तर करने का अधिकार लोगों को रहेगा। जगह-जगह का कारोबार वहीं के लोग देखेंगे। इन ज्ञानियों की बैठक किसी केन्द्रीय स्थान पर हुआ करेगी। उनके परामर्श के पीछे उस आदर और प्रतिष्ठा का बल होगा, जो उनकी नैतिक श्रेष्ठता तथा ज्ञान के कारण उसको प्राप्त होगी। इसी प्रकार का एक विश्व न्यायालय भी होगा, जो राष्ट्रों के पारस्परिक झगड़ों का निपटारा किया करेगा। विनोबाजी को पूर्ण विश्वास था कि विश्व-पंचायत की स्थापना अवश्य होगी और फिर संसार में केवल इस विश्व-पंचायत का महत्व रह जायेगा। बीच की पंचायतों, अर्थात् प्रदेश तथा राष्ट्र-पंचायतों का महत्व धीरे-धीरे घट जायेगा।"

विनोबा सर्वोदय के सार्वभौम विकास के आकाँक्षी थे। जब यह तत्त्व दुनिया में फैलेगा तब समाज में सत्तावाद और साम्यवाद दोनों अन्तर्मुख बन जायेंगे। तब राजनीति गौण हो जायेगी और उसके बजाय लोकनीति काम करने लगेगी। सर्वोदय का सबसे बड़ा और मंगलकारी रूप तब सिद्ध होगा जब गोरे, काले, लाल, पीले और साँवले सब वंश अपने-अपने भेद भूलकर, ऊँच-नीच का भाव त्यागकर एक कुटुम्ब के समान एक साथ रहने लगेंगे। पिछड़े हुए राष्ट्रों का, पिछड़े हुए वंशों का सबसे अधिक विकास होने लगेगा और इस प्रकार सर्वोदय में से विश्व-कुटुम्ब-वृत्ति पैदा होगी।''

भारत में सर्वोदय का कार्यक्रम

भारत में सर्वोदय विचारधारा का जन्म हुआ और भारत को ही सर्वोदयी कार्यकर्त्ताओं की प्रयोगशाला बना हुआ है। सर्वोदय कार्यक्रम यद्यपि अत्यन्त व्यापक और बहुसूत्री है तथापि मोटे रूप में उसका निर्धारण इस प्रकार किया गया है–

(1) साम्प्रदायिक एकता, (2) अस्पृश्यता निवारण, (3) जाति-भेद निराकरण, (4) नशाबन्दी, (5) खादी एवं ग्रामोद्योग, (6) ग्राम सभाएँ, (7) नई तालीम, (8) सर्वत्र समानाधिकार की प्रतिष्ठा, (9) आरोग्यता और स्वच्छता, (10) देश की भाषाओं का विकास, (11) प्रान्तीय संकीर्णता की समाप्ति, (12) हिन्दुस्तानी का राष्ट्रभाषा के तौर पर प्रचार, (13) आर्थिक समानता, (14) खेती की तरक्की, (15) मजदूर संगठन, (16) आदि जातियों की सेवा, (17) विद्यार्थी संगठन, (18) कुष्ठ रोगियों की सेवा, (19) संकट निवारण और दुखियों की सेवा, (20) गौ सेवा, (21) प्राकृतिक चिकित्सा, (22) इसी प्रकार के सार्वजनिक कल्याण के विविध कार्य।

सर्वोदय समाज की स्थापना के लिये सन्त विनोबा और उनके सहयोगियों ने जो क्रान्तिकारी रचनात्मक कदम भारत में उठाए, उनमें प्रमुख भूदान यज्ञ, ग्राम-दान, सम्पत्ति-दान, श्रम-दान, बुद्धि-दान आदि है। भूदान यज्ञ का अभिप्राय केवल भूमिपतियों से कुछ भूमि लेकर उसे भूमिहीनों में वितरित करना मात्र नहीं है, वरन् यह तो एक आर्थिक और सामाजिक क्रान्ति लाने का गाँधीवादी मार्ग है। जयप्रकाशजी के शब्दों में, ''यह एक नवीन जीवन पद्धति का सिद्धान्त और व्यवहार तथा एक नवीन सामाजिक दर्शन है।'' व्यक्ति भूदान यह मानकर चलता है कि समस्त भूमि परमात्मा की है तो भूमि के प्रति उसके अनुराग और उसके स्वामित्व में उसके अभिमान की भावना में निश्चित रूप से कमी हो जायेगी। इस तरह सच्चे हृदय परिवर्तन की एक लहर व्याप्त होगी, जो नवीन सर्वोदय समाज

की स्थापना कर सकेगी। काका कालेलकर ने ठीक ही लिखा है कि भूमिहीनों के लिये भूमि प्राप्त करके सर्वोदयी नेता टूटे हृदयों को भारत से जोड़ देने और प्रत्येक ग्राम की जनता में सामाजिक चेतना जगा देने की प्रयत्नशील है। भूदान सामाजिक, राजनीतिक और आर्थिक–सभी प्रकार की एक शान्तिपूर्वक समग्र क्रान्ति की ओर ठोस कदम है। यह धन-संचय की उस भावना की जड़ काटना चाहता है जिस पर वर्तमान विषम सामाजिक व्यवस्था टिकी हुई है। यह विचार समाजवादियों और साम्यवादियों के लिये एक सबक है, जो पूँजीपतियों के विरुद्ध श्रमजीवी वर्ग को उकसाते हैं और वर्ग-संघर्ष को पोषित करते हैं। भूदान एक अंहिसात्मक सामाजिक क्रान्ति है जिसकी पृष्ठभूमि में विकेन्द्रीकरण और स्वावलम्बन की भावनाएँ निहित है।

व्यक्तिगत स्वामित्व के स्थान पर सामूहिक स्वामित्व स्थापित करने के लक्ष्य की पूर्ति के लिये ग्रामदान आन्दोलन चलाया गया। इसका अभिप्राय यह है कि ग्राम के सभी व्यक्ति अपनी समस्त भूमि को सम्पूर्ण ग्राम के लिये समर्पित कर देते हैं और इस प्रकार भूमि पर व्यक्तिगत स्वामित्व के स्थान पर समग्र समाज का स्वामित्व स्थापित हो जाता है। वह सम्पूर्ण भूमि ग्रामवासी सभी परिवारों में उसकी अपनी-अपनी आवश्यकताओं के अनुरूप वितरित कर दी जाती है। प्रत्येक परिवार अपने हिस्से की भूमि पर खेती करता है तथा आवश्यकतानुसार अन्य परिवारों की सहायता ले सकता है। प्रत्येक व्यक्ति अथवा परिवार जो भी कार्य करता है वह अपने लिये नहीं बल्कि सम्पूर्ण समाज के लिये करता है। सम्पूर्ण भूमि की कुल उपज का एक भाग शिक्षा, निराश्रितों की सहायता, विवाह जैसे सामान्य आवश्यकताओं के लिये अलग उठाकर रख दिया जाता है। संक्षेप में, पूरा गाँव एक सुगठित आदर्श परिवार का रूप धारण कर लेता है जिसमें यह सिद्धान्त प्रभावशाली होता है–"प्रत्येक से उसकी शक्ति के अनुसार लो और प्रत्येक को उसकी आवश्यकतानुसार दो।" ग्रामदान में कुटीर उद्योगों पर विशेष बल दिया जाता है और प्रयत्न यही होता है कि गाँव यथाशीघ्र आत्मनिर्भर बन जायें।

सम्पत्ति दान आन्दोलन में समाज के उन भाइयों से अपील की जाती है कि जो एक वर्गहीन सर्वोदयी समाज की स्थापना के लिये भूमि के स्थान पर सम्पत्ति दान रूप में दे सकते हैं। आचार्य विनोबा का विश्वास है कि भूदान और ग्रामदान गाँवों में सामाजिक आर्थिक क्रान्ति लायेंगे और नगरों में यह क्रान्ति सम्पत्ति दान द्वारा होगी। सर्वोदय का सन्देश है कि नगरों के लोग अपनी व्यक्तिगत आवश्यकताओं की पूर्ति के बाद अपने शेष धन का प्रयोग सम्पूर्ण समाज के लिये करें और स्वयं

को उस धन का ट्रस्टी समझें। ऐसा करने से धन देने वालों और लेने वालों के बीच आत्मीयता के सम्बन्ध विकसित हो जायेंगे। इस हृदय परिवर्तन से समाज में एक प्रबल, सुधार क्रान्ति आ सकेगी। यह उल्लेखनीय है कि 'दान' शब्द सर्वोदय क्रान्ति का एक अंग है जिसके साथ यह शर्त जुड़ी हुई है कि शुभ साधनों से कमाई हुई सम्पत्ति आदि का दान हो सकता है, असद् तरीकों से कमाए हुए धन को नहीं। श्रम-दान आन्दोलन उन लोगों के लिये हैं न तो भूमि ही दान में दे सकते हैं और न ही सम्पत्ति। सर्वोदय चाहता है कि निर्धन वर्ग सर्वसाधारण के कल्याण के लिये अपनी मेहनत ही दान के रूप में दें। सन्त विनोबा ने अपने क्रान्तिकारी कार्यक्रम में बुद्धिजीवी वर्ग को भी नहीं छोड़ा है। उनका कहना है कि समाज का बुद्धिमान वर्ग लोकोपकार के लिये अपनी बुद्धि और ज्ञान का व्यय करे। उदाहरणार्थ अध्यापकों का कर्त्तव्य है कि वे अशिक्षितों को साक्षर बनायें, वकीलों का कर्त्तव्य है कि वे असहायों की बिना किसी मेहनताने की सहायता करें और डॉक्टरों को चाहिए कि वे दुःखी भाइयों का मुफ्त इलाज करें। जीवन-दान आन्दोलन में व्यक्ति सर्वोदय समाज का सदस्य बनकर समाज की सेवा के लिये अपना सम्पूर्ण जीवन अर्पित कर देता है। वास्तव में इन विभिन्न प्रकार के दान आन्दोलनों द्वारा विनोबा व्यक्ति को समाज हित के लिये वह सब कुछ दे देने को प्रेरित करना चाहते हैं, जो वास्तव में समाज का ही है।

जयप्रकाश नारायण का सर्वोदय के संबंध में विचार

सन् 1953 में बोध गया सर्वोदय सम्मेलन में जयप्रकाश नारायण ने सक्रिय राजनीति से सन्यास लेने तथा जीवनदानी के रूप में विनोबाजी के भूदान आन्दोलन से जुड़ने का निर्णय लिया। यहीं से उनकी सर्वोदयी की यात्रा शुरू हुई तथा अगले 22 वर्षों तक वे सर्वोदयी के रूप में सार्वजनिक जीवन में सक्रिय रहे। वास्तव में सर्वोदय के दर्शन को विकसित करने में जयप्रकाश नारायण की महत्त्वपूर्ण भूमिका रही। उनके अनुसार, सर्वोदय की निम्नलिखित मान्यताएँ हैं–

1. सर्वोदय का दर्शन सभी के उत्थान में विश्वास रखता है–सर्वोदयी विचारधारा मार्क्सवाद के वर्ग संघर्ष के सिद्धान्त से सहमत नहीं है। गाँधीजी ने सर्वोदय का विचार दिया था। उनका मानना था कि गरीब तथा कमजोरों को भौतिक उत्थान की जरूरत है तो पूंजीपतियों के लिये आध्यात्मिक उत्थान आवश्यक है। जयप्रकाश नारायण का विचार था कि समाज में वर्ग संघर्ष से लाया गया परिवर्तन अस्थायी होगा तथा उसके परिणाम भी सुखद नहीं होंगे।

2. सर्वोदयी विचारधारा के अनुसार, राज्य के द्वारा नहीं वरन् लोगों के ऐच्छिक सहयोग से ही शोषण रहित समाज की स्थापना सम्भव है–जयप्रकाश नारायण ने सर्वोदय के दर्शन की व्याख्या करते हुए कहा कि यदि राज्य की मशीनरी का प्रयोग समाज से शोषण समाप्त करने के लिये किया जायेगा तो अन्त में राज्य व्यक्ति की स्वतन्त्रता का ही अपहरण कर लेगा। अनुभव यही बताता है। इसीलिए जयप्रकाश नारायण ने समाजवाद की स्थापना के लिये राज्य की शक्ति के प्रयोग को वांछनीय नहीं बताया उन्होंने कहा है, ''राज्य की शक्ति के द्वारा समाजवाद की स्थापना के बजाय लोगों के स्वैच्छिक प्रयास द्वारा समाजवादी पद्धति को विकसित करना तथा उसका निर्माण करना समस्या का उपचार है।'' जयप्रकाश नारायणजी ने सर्वोदय को 'जनता का समाजवाद' बताया है।

4. ग्रामदान, भूदान, सम्पत्ति दान तथा ग्राम स्वराज्य सर्वोदय की स्थापना की दिशा में कदम है–जयप्रकाश नारायण जी ने एक बार कहा था कि–"ऊपर से देखने में भूदान आन्दोलन भले ही कृषि सुधार आन्दोलन दिखाई देता हों, परन्तु गहराई से देखने पर इसका वास्तविक स्वरूप सामने आता है। यह वास्तव में सर्वतोन्मुखी सामाजिक तथा मानवीय क्रान्ति की शुरुआत है"। जयप्रकाशजी ने आगे कहा कि सर्वोदय के द्वारा समाज के साथ-साथ समाज में भी परिवर्तन लाया जाता है। यह गाँधीजी की क्रान्ति की अहिंसक तकनीक का व्यापक स्तर पर प्रयोग है।

सर्वोदय समाज की स्थापना की दिशा में 'ग्राम स्वराज्य' अन्तिम कदम है। ग्राम स्वराज्य पंचायत नहीं है वरन् यह स्व-विकसित, आत्मनिर्भर तथा पूर्ण सत्ता सम्पन्न ग्रामीण इकाई है। वस्तुतः जब तक समाजवाद को सर्वोदय के रूप में परिवर्तित नहीं किया जाता, तब तक समानता, स्वतन्त्रता, भाईचारा तथा शोषण से मुक्ति के लक्ष्यों को प्राप्त नहीं किया जा सकेगा।

5. सर्वोदय समाज का सामाजिक तथा आर्थिक ढाँचा जटिल नहीं है–सर्वोदय के अन्तर्गत पुनर्गठित गाँवों को सामाजिक आर्थिक ढाँचा सरल होगा, ऐसा जयप्रकाश नारायणजी का विचार है। आर्थिक शक्ति का विकेन्द्रीयकरण इसका आधार है। प्रत्येक गाँव स्व-शासित, आत्मनिर्भर तथा पूर्णसत्ता सम्पन्न होगा। इन गाँवों में न तो भारी उद्योग होंगे और न ही इन उद्योगों को चलाने के लिये बड़े-बड़े इंजीनियरों, मैनेजरों तथा अन्य विशेषज्ञों की ही आवश्यकता होगी। इन गाँवों के लिये भारी सरकारी मशीनरी तथा नौकरशाही की ही आवश्यकता होगी। सर्वोदय के अन्दर प्रभावित ग्राम राज्य छोटे समुदायों में ही सम्भव है।

6. राजशक्ति का स्थान लोकशक्ति लेगी—जयप्रकाश नारायणजी ने सर्वोदय के अन्तर्गत प्रस्तावित नए समाज के अन्तर्गत 'राजशक्ति' के स्थान पर लोकशक्ति की स्थापना का समर्थन किया। सम्भवतः इस सम्बन्ध में जयप्रकाश नारायण गाँधी तथा विनोबा के विचारों से प्रभावित थे।

इस प्रकारा यह कहा जा सकता है कि जयप्रकाश नारायण के सर्वोदय सम्बन्धी विचार वास्तव में उनके व्यापक विचार मंथन का परिणाम है। मार्क्सवाद से आरम्भ होकर उनकी राजनीतिक यात्रा सर्वोदय तक पहुँचती है। सर्वोदय की धारणा को गाँधीजी ने जन्म दिया। विनोबाजी ने उसकी रूपरेखा प्रस्तुत की तथा जयप्रकाश नारायण ने उसका एक सम्पूर्ण दर्शन तथा जीवन पद्धति के रूप में व्याख्या प्रस्तुत की।

जयप्रकाश नारायण का पत्र विनोबा भावे के नाम

तत्कालीन राष्ट्रपति राजेंद्र बाबू का मन राजनीति से भर चुका था। अब वह समाजसेवा करना चाहते थे। इसी विषय पर राय-मशविरा के लिए उन्होंने जयप्रकाश नारायण को अपने पास बुलाया और उनके सामने अपनी मनोस्थिति रखी। राजेंद्र बाबू भू-दान आंदोलन से जुडना चाहते थे और उन्होंने जयप्रकाश से कहा कि हमारे विचारों से बाबा को अवगत करा दो। इस बारे में राजेंद्र बाबू ने नेहरू जी से भी सलाह मांगी थी लेकिन नेहरू जी ने इससे असहमति जताई। इसी सिलसिले में जयप्रकाश नारायण ने विनोबा भावे को यह पत्र लिखा।

(**विषयः** राजेंद्र बाबू का पैगाम विनोबा भावे को वाया जयप्रकाश)

जुहू, बंबई, 29 अप्रैल,1955

पूज्य बाबा,

बाबूजी (राजेंद्र बाबू) से मिलने के बाद आपको लिखना था, लेकिन कई दिन निकल गए। ऐसे कुछ जल्दी भी नहीं थी। उनके मन में द्वंद चल रहा है। बल्कि यह कहना उचित होगा कि उनके मन का झुकाव शायद जोरदार झुकाव-पद से अलग हो जाने का ही है लेकिन अभी अंतिम निश्चय नहीं किया है। मुझे खासतौर से यह समझने के लिए बुलाया था कि यदि वह छोड़कर आ जाएं तो भू-दान आंदोलन में क्या करेंगे। कहते थे कि यद्यपि भू-दान के महत्व को समझता हूं उसके लिए अंदर से वही भाव नहीं उठते जो तुम लोगों में पाता हूं। उत्तर में मैंने कहा कि यह कोई अपेक्षा नहीं रखेगा कि आप गांव-गांव घूमेंगे। आपका बाहर आकर आंदोलन को समर्थन करना, भू-दान समितियों के कार्यों में भाग लेना ही काफी होगा। मैंने यह

भी कहा कि सभी लोग चाहेंगे कि आप सर्व सेवा संघ का अध्यक्ष पद संभालें और उसका संचालन करें। सारी रचनात्मक प्रवृतियों का मार्गदर्शन भी करना है। सर्वोदय आंदोलन में ऊंचे चित्रक इने-गिने हैं। आपके आ जाने से इस चित्राधारा को बड़ा बल मिलेगा। गांधी परिवार को अपना पिता मिल जाएगा इत्यादि। उन्होंने सब ध्यान से सुना। चलते समय मैंने पूछा कि बाबा को क्या लिख दूंगा। बोले जो बातचीत हुई है वह लिख देना। बातचीत के दौरान में बाबूजी ने बताया (शायद आपसे भी कहा हो) कि पिछली 26 जनवरी को ही उन्होंने जवाहरलाल जी के लिए एक पत्र लिखा था जिसमें अपना यह अभिप्राय व्यक्त किया था कि अगले बजट सत्र के बाद वह अपने पद से अलग हो जाना चाहेंगे। उस समय तक (यानि मई के अंत तक) उनके पांच वर्ष पूरे हो जाएंगे लेकिन वह पत्र मेरी बातचीत के समय तक पंडित जी को भेजा नहीं गया था। यद्यपि उन्होंने ऐसा कुछ नहीं कहा फिर भी मैं यह असर लेकर आया कि अब शीघ्र ही पंडित जी को इस विषय में लिखेंगे। जब मुझसे बातें हुई थी तब तक उन्होंने अपने परिवार के लोगों से इस बात की कोई चर्चा नहीं की थी। अभी हाल में वह पटना गए थे शायद उस अवसर पर बातें हुई हों।

सप्रेम प्रणाम के साथ

(जयप्रकाश)

6

भारतीय राज्यतंत्र के लिये सुझाव

जुल्म के खिलाफ जब हर उपाय कारगर सिद्ध न हो तो हथियार उठा लेना जायज है। यह बात हर युग एवं समय में सार्थक सिद्ध हुई है एवं जब भी इस रास्ते को अपनाया गया एक परिवर्तन देखने को मिला। वाणी में जो शक्ति है वह किसी और चीज में नही। शायद इससे ही प्रभावित होकर जे. पी. ने उपर्युक्त घोषणा पांच जून, 1975 के पहले छात्रों-युवकों की कुछ तात्कालिक मांगें थीं, जिन्हें कोई भी सरकार जिद न करती तो आसानी से मान सकती थी। लेकिन पांच जून को जे. पी. ने संपूर्ण क्रांति की घोषणा की। इस क्रम को आगे बढ़ाते हुए चलते है लोकमान्य जयप्रकाश नारायण जी के जीवनी पर जो हमें किसी न किसी बहाने उन्हें याद करने के लिए, उनके बारे में कुछ सोचने के लिए मजबूर कर देती है।

पटना मे अपने विधार्थी जीवन में जयप्रकाश नारायण ने स्वतंत्रता संग्राम मे भारतीय स्वतंत्रता सेनानी और राजनेता थे। उनका विवाह बिहार के मशहूर गांधीवादी बृजकिशेर प्रसाद की पुत्री प्रभावती के साथ अक्तूबर 1920 मे हुआ। प्रभावती विवाह के उपरांत कस्तुरबा गांधी के साथ गांधी आश्रम मे रहीं। उन्हें 1970 में इंदिरा गांधी के विरुद्ध विपक्ष का नेतृत्व करने के लिए जाना जाता है। वे समाज-सेवक थे, जिन्हें लोकनायक के नाम से भी जाना जाता है। 1998 में उन्हें "भारत रत्न" से सम्मानित किया गया। विवाह के दो वर्ष बाद वे 1922 में उच्च शिक्षा के लिए अमेरिका गए, जहाँ उन्होंने 1922-1929 के बीच कैलिफोर्निया विश्वविद्यालय-बरकली विसकांसन विश्वविद्यालय में समाज-शास्त्र का अध्ययन किया। पढ़ाई के महंगे खर्चे को वहन करने के लिए उन्होंने खेतों, कंपनियों, रेस्टोरेन्टों मे काम किया। वे मार्क्स के

समाजवाद से प्रभावित हुए। उन्होने एम.ए. की डिग्री हासिल की। उनकी माताजी की तबियत ठीक न होने की वजह से वे भारत वापस आ गए और पी.एच.डी पूरी न कर सके। वे डॉ. राजेन्द्र प्रसाद और सुप्रसिद्ध गांधीवादी डॉ. अनुग्रह नारायण सिन्हा द्वारा स्थापित बिहार विद्यापीठ में शामिल हो गए। 1929 में जब वे अमेरिका से लौटे, भारतीय स्वतंत्रता संग्राम तेजी पर था। उनका संपर्क गाधी जी के साथ काम कर रहे जवाहर लाल नेहरू से हुआ। वे भारतीय स्वतंत्रता संग्राम का हिस्सा बने। 1932 मे गांधी, नेहरू और अन्य महत्वपूर्ण कांग्रेसी नेताओं के जेल जाने के बाद, उन्होंने भारत मे अलग-अलग हिस्सों मे संग्राम का नेतृत्व किया। अन्ततः उन्हें भी मद्रास में सितंबर 1932 मे गिरफ्तार कर लिया गया और नासिक के जेल में भेज दिया गया। यहाँ उनकी मुलाकात एम.आर.मासानी, अच्युत जी, एन.सी.गोरे, अशोक मेहता एम. एच दातवाला, चार्ल्स मास्कारेन्हास और सी.के. नारायणस्वामी जैसे उत्साही कांग्रेसी नेताओं से हुई। जेल मे इनके द्वारा की गई चर्चाओं ने कांग्रेस सोसलिस्ट पार्टी को जन्म दिया। सी.एस.पी समाजवाद में विश्वास रखती थी। जब कांग्रेस ने 1934 में चुनाव में हिस्सा लेने का फैसला किया तो जे. पी. और सी.एस.पी ने इसका विरोध किया।

1939 मे उन्होंने द्वितीय विश्वयुद्ध के दौरान, अंग्रेज सरकार के खिलाफ लोक आंदोलन का नेतृत्व किया। उन्होंने सरकार को किराया और राजस्व रोकने के अभियान चलाए। टाटा स्टील कंपनी में हड़ताल करा के यह प्रयास किया कि अंग्रेजों को इस्पात न पहुंचे। उन्हें गिरफ्तार कर लिया गया और 9 महीने की कैद की सजा सुनाई गई। जेल से छूटने के बाद उन्होंने गांधी और सुभाष चंद्र बोस के बीच सुलह का प्रयास किया। उन्हे बंदी बना कर मुंबई की आर्थर जेल और दिल्ली की कैंप जेल मे रखा गया। 1942 भारत छोडो आंदोलन के दौरान वे आर्थर जेल से फरार हो गए। उन्होंने स्वतंत्रता संग्राम के दौरान हथियारों के उपयोग को सही समझा। उन्होंने नेपाल जा कर आजाद दस्ते का गठन किया और उसे प्रशिक्षण दिया। उन्हें एक बार फिर पंजाब में चलती ट्रेन में सितंबर 1943 मे गिरफ्तार कर लिया गया। 16 महीने बाद जनवरी 1945 में उन्हें आगरा जेल मे स्थानांतरित कर दिया गया। इसके उपरांत गांधी जी ने यह साफ कर दिया था कि डॉ. लोहिया और जे.पी की रिहाई के बिना अंग्रेज सरकार से कोई समझौता नामुमकिन है। दोनों को अप्रेल 1946 को आजाद कर दिया गया। 1948 मे उन्होंने कांग्रेस के समाजवादी दल का नेतृत्व किया, और बाद में गांधीवादी दल के साथ मिल कर समाजवादी सोसलिस्ट पार्टी की स्थापना की। 19 अप्रैल,1954

में गया (बिहार) मे उन्होंने विनोबा भावे के सर्वोदय आंदोलन के लिए जीवन समर्पित करने की घोषणा की। 1952 में उन्होंने लोकनीति के पक्ष मे राजनीति छोड़ने का निर्णय लिया। 1960 के दशक के अंतिम भाग में वे राजनीति में पुनः सक्रिय रहे। 1974 में किसानों के बिहार आंदोलन में उन्होंने तत्कालीन राज्य सरकार से इस्तीफे की मांग की। वे इंदिरा गांधी की प्रशासनिक नीतियों के विरुद्ध थे। गिरते स्वास्थ्य के बावजूद उन्होंने बिहार में सरकारी भ्रष्टाचार के खिलाफ आंदोलन किया। उनके नेतृत्व में "पीपुल्स फ्रंट" ने गुजरात राज्य का चुनाव जीता। 1975 में इंदिरा गांधी ने आपातकाल की घोषणा की जिसके अंतर्गत जे.पी. सहित 600 से भी अधिक विरोधी नेताओं को बंदी बनाया गया और प्रेस पर सेंशरशिप लगा दी गई। जेल मे जे.पी. की तबीयत और भी खराब हुई। 7 महीने बाद उनको मुक्त कर दिया गया।

1977 जे.पी. के प्रयासों से एकजुट विरोध पक्ष ने इंदिरा गांधी को चुनाव में हरा दिया। जयप्रकाश नारायण का निधन उनके निवास स्थान पटना में 8 अक्टूबर 1979 को हृदय की बीमारी और मधुमेह के कारण हुआ। उनके सम्मान में तत्कालीन प्रधानमंत्री चरण सिंह ने 7 दिन के राष्ट्रीय शोक का ऐलान किया। उनके सम्मान में कई हजार लोग उनकी शोक यात्रा में शामिल हुए। सम्पूर्ण क्रान्ति के आह्वान उन्होंने श्रीमती इंदिरा गांधी की सत्ता को उखाड़ फेंकने के लिये किया था। जयप्रकाश नारायण का कहना था कि सम्पूर्ण क्रांति में सात क्रांतियाँ शामिल है-राजनैतिक, आर्थिक, सामाजिक, सांस्कृतिक, बौद्धिक, शैक्षणिक व आध्यात्मिक क्रांति। इन सातों क्रांतियों को मिलाकर सम्पूर्ण क्रान्ति होती है। सम्पूर्ण क्रांति की तपिश इतनी भयानक थी कि केन्द्र में कांग्रेस को सत्ता से हाथ धोना पड़ गया था। जय प्रकाश नारायण जिनकी हुंकार पर नौजवानों का जत्था सड़कों पर निकल पड़ता था। बिहार से उठी सम्पूर्ण क्रांति की चिंगारी देश के कोने-कोने में आग बनकर भड़क उठी थी। जे.पी. के नाम से मशहूर जयप्रकाश नारायण घर-घर में क्रांति का पर्याय बन चुके थे। लालू प्रसाद, नीतीश कुमार, रामविलास पासवान या फिर सुशील मोदी आज के सारे नेता उसी छात्र युवा संघर्ष वाहिनी का हिस्सा थे।

जयप्रकाश नारायण ने भारतीय लोकतन्त्र के दोषों को उजागर करते हुए इसमें सुधार के लिये एक विस्तृत योजना प्रस्तुत की। वे वर्तमान लोकतन्त्र की कार्यप्रणाली से संतुष्ट नहीं थे। उनके अनुसार हमारी लोकतान्त्रिक व्यवस्था जनता की आशाओं के अनुरूप नहीं है, अतः इसके तंत्र में बुनियादी परिवर्तन आवश्यक है जिससे कि इसके राजनीतिक ढाँचे में तेजी से हो रहे ह्रास को रोका जा सके।

आधुनिक लोकतन्त्र का विरोध

अपने जीवन के लम्बे समय में लोकतंत्र की कमियों को आलोचना करते-करते थक गए। सरकार की भी नीतियों में कोई खास परिवर्तन नहीं आया जिसके चलते भ्रष्टाचार, बेरोजगारी, गरीबी और सत्ता केन्द्रीकरण निरंतर बढ़ती ही चली गई। जिससे जे. पी. ने अपने जीवन के अंतिम दशक में यह अनुभव किया कि भारत की ये समस्याएं विकराल रूप धारण कर चुकी है, जिसका एक मात्र उपाय है संपूर्ण क्रांति।

जे. पी. ने 5 जून, सन 1974 ई. में पटना के गाँधी मैदान में छात्रों और युवाओं की एक बड़ी रैली में एक आन्दोलन की शुरुआत की थी और उसे नाम दिया गया था, "संपूर्ण क्रांति" हालाँकि जे. पी. ने सक्रिय राजनीति से 1957 ई. में ही किनारा कर लिया था। मगर जनता से जुड़े मुद्दों से उन्होंने कभी किनारा नहीं किया था। उनकी "संपूर्ण क्रांति" से इंदिरा गाँधी की सत्ता को झटके लगने लगे। इसलिए इंदिरा गाँधी ने 25 जून, सन 1975 ई. की आधी रात को देश में आपातकाल लगा दिया और जे. पी. समेत कई विपक्षी नेताओं को जेल भेजवा दिया।

18 जनवरी, सन् 1977 को आपातकाल हटाया गया और देश में चुनाव की घोषणा हुई। इस चुनाव में जे. पी. की पहल पर गठित जनता पार्टी को जोरदार सफलता मिली और देश में पहली बार गैर कांग्रेसी सरकार का गठन हुआ।

संपूर्ण क्रांति में आम लोगों की भागीदारी को देखकर ही उस वक्त राष्ट्रकवि रामधारी सिंह दिनकर जी ने लिखा कि–सिंहासन खाली करो कि जनता आती है।

श्री जयप्रकाश नारायण मूल रूप में लोकतन्त्रवादी थे परन्तु आधुनिक लोकतन्त्र की खामियाँ तथा इसकी विकृतियों के कारण वे इसके आलोचक थे। गाँधीजी तथा विनोबाजी की तरह वे लोकतन्त्र के नैतिक आधार को मजबूत करने पर बल देते थे। स्वयं जयप्रकाश नारायण के शब्दों में, ''लोकतन्त्र तंत्र की समस्या मूल रूप से तथा सर्वाधिक नैतिक समस्या है। जब तक कि लोगों के नैतिक तथा आध्यात्मिक गुणों का विकास नहीं होगा, तब तक कितनी ही अच्छी राजनीतिक व्यवस्था तथा संविधान क्यों न हो, लोकतन्त्र सही अर्थों में कार्य नहीं कर सकेगा।'' जयप्रकाश नारायण के अनुसार लोकतन्त्र के सफल संचालन के लिये लोगों में निम्नलिखित गुणों का होना आवश्यक है–

(i) हिंसा का परित्याग–जयप्रकाश नारायण का विचार था कि हिंसा के वातावरण में लोकतन्त्र की सफलता की आशा नहीं की जा सकती। लोकतन्त्र की

सफलता के लिये यह जरूरी है कि लोग आपसी बातचीत तथा मिल-बैठकर समस्याओं का हल निकालें तथा मतभेद दूर करें।

(ii) स्वतन्त्रता के प्रति आस्था तथा अन्याय एवं दमन का विरोध करने का साहस—जयप्रकाश नारायण का मानना है कि लोकतन्त्र की सफलता के लिये आवश्यक है कि लोग स्वतन्त्रता के प्रति आस्था रखें तथा अन्याय एवं अत्याचार के विरोध का उनमें साहस हो। यदि लोग अन्याय तथा दमन को चुपचाप सहेंगे तो इससे तानाशाही का मार्ग प्रशस्त होगा।

(iii) लोगों में सहयोग की भावना—लोकतन्त्र ऐसी शासन-व्यवस्था है जिसका आधार ही लोगों का आपसी सहयोग हैं। यदि लोग आपस में सहयोग की भावना से कार्य नहीं करेंगे तो लोकतन्त्र की सफलता संदिग्ध ही रहेगी।

(iv) लोगों में सत्य के प्रति आस्था—गाँधीजी की तरह जयप्रकाश नारायण भी नैतिक मूल्यों की स्थापना के समर्थक थे। वे यह मानते थे कि लोकतन्त्र की सफलता के लिये लोगों में सत्य आचरण में आस्था होना आवश्यक है।

(v) दूसरों के विचारों के प्रति सहिष्णुता—जयप्रकाश नारायण का विचार था कि लोकतन्त्र का मूल ही सहिष्णुता है। हमें दूसरों विचारों के प्रति सहिष्णुता रखनी चाहिए, भले ही हम उनके विचारों से सहमत न हों।

(vi) उत्तरदायित्व की भावना—जयप्रकाश नारायण जी के अनुसार लोकतन्त्र की सफलता के लिये लोगों में उत्तरदायित्व की भावना का होना आवश्यक है। उत्तरदायित्व की भावना के बिना लोकतन्त्र की सभी मर्यादाएँ समाप्त हो जायेंगी।

(vii) सादा जीवन में विश्वास—श्री जयप्रकाश नारायण का विश्वास था कि लोकतन्त्र के सफलता के लिये लोगों को अपनी आवश्यकताएँ कम से कम रखनी चाहिए तथा सादा जीवन बिताना चाहिए। सादा जीवन बिताने से लोग अनैतिक साधन नहीं अपनायेंगे। इससे लोकतन्त्र का नैतिक आधार मजबूत होगा।

श्री जय प्रकाश नारायण ने आधुनिक लोकतन्त्र की आलोचना निम्न आधारों पर की है—

1. आधुनिक लोकतन्त्र में नैतिक मूल्यों का ह्रास हुआ हैं—जयप्रकाश नारायण आधुनिक लोकतन्त्र की आलोचना करते हुए कहते हैं कि लोकतन्त्र की वास्तविक समस्या नैतिक है। आधुनिक लोकतन्त्र में नैतिक मूल्यों के लिये कोई स्थान नहीं है। 'सत्ता' प्राप्ति स्वयं में ध्येय बन गया है।

2. आधुनिक लोकतन्त्र के अन्तर्गत राजनीतिक तथा आर्थिक शक्ति का अत्यधिक केन्द्रीयकरण—जयप्रकाश नारायणजी आधुनिक लोकतन्त्र के अन्तर्गत

राजनीतिक तथा आर्थिक सत्ता के बढ़ते हुए केन्द्रीयकरण को व्यक्ति की स्वतन्त्रता के लिये खतरे के रूप में देखते थे। बड़े पैमाने पर औद्योगीकरण तथा कल्याणकारी राज्य की अवधारणा के बाद तो राजनीतिक तथा आर्थिक शक्ति का केन्द्रीयकरण अत्यधिक तेजी से हुआ।

जयप्रकाश नारायण का विचार था कि बड़े पैमाने पर औद्योगिक उत्पादन से लाभ केवल पूंजीपति वर्ग कमाता है। आधुनिक लोकतान्त्रिक सरकार भी बड़े पैमाने पर उत्पादन में मदद करती है क्योंकि इससे उन्हें आर्थिक शक्तियों पर जहाँ नियन्त्रण प्राप्त होता है, वहीं दूसरी ओर युद्ध की तैयारियों के लिये भी बड़े पैमाने पर उत्पादन जरूरी होता है। उनके विचार में व्यक्ति की अत्यधिक केन्द्रीयकरण से सुरक्षा के लिये आत्म-निर्भर तथा स्वशासी गाँवों की स्थापना की जानी चाहिए।

3. आधुनिक लोकतन्त्र में जनता की भागीदारी नहीं है—जयप्रकाश नारायण का विचार है कि जिस प्रकार आधुनिक लोकतन्त्र का आज संचालन किया जा रहा है, उससे पता लगता है कि यह उल्टे पिरामिड की तरह कार्य कर रहा है जिसका आधार अत्यन्त संकुचित है। 'व्यस्क मताधिकार' तथा 'प्रत्येक व्यक्ति को चुनाव में खड़ा होने का अधिकार' से लोकतन्त्र का आधार विस्तृत नहीं हुआ है। चुनावों की वर्तमान व्यवस्था 'लोकतान्त्रिक अल्पतंत्र की स्थापना में सहायक हुई है। इससे लोगों का लोकतन्त्र में विश्वास कम हुआ है। जयप्रकाश नारायणजी का विचार है कि सत्ता में जनता की भागीदारी सुनिश्चित करके ही वर्तमान लोकतन्त्र के आधार पर विस्तार किया जाना सम्भव है।

4. दोषपूर्ण चुनाव प्रणाली—जयप्रकाश नारायण का विचार है कि हमारी वर्तमान चुनाव प्रणाली दोषपूर्ण है। चुनाव में विजयी उम्मीदवार के लिये यह आवश्यक नहीं है कि वह कुलों का बहुमत प्राप्त करें। एक लोकसभा अथवा विधानसभा क्षेत्र में कई उम्मीदवार खड़े होते हैं तथा जिसे सबसे अधिक मिलते हैं, वह विजयी घोषित कर दिया जाता है। इसी प्रकार इस चुनाव व्यवस्था में 33% मत पाने वाला दल सरकार बनाता है।

5. राजनीतिक दलों का उद्देश्य जन-सेवा न होकर सत्ता प्राप्त करने तथा उस पर काबिज रहना होता है—जयप्रकाश नारायण के अनुसार आधुनिक लोकतन्त्र में राजनीतिक दल यद्यपि मतदाताओं के सामने चुनाव से पूर्व अपने घोषणा-पत्र प्रस्तुत करते हैं। परन्तु वास्तविकता यह है कि यह सब मतदाताओं को गुमराह करने के लिये किया जाता है। राजनीतिक दल बड़े-बड़े औद्योगिक घरानों से चुनाव लड़ने के लिये चन्दा लेते हैं तथा चुनाव के बाद उनके हितों के लिये कार्य करते हैं।

आधुनिक लोकतन्त्र में राजनीतिक दल जनता की सेवा करने की घोषणा तो करते हैं परन्तु यथार्थ यह है कि वे अपने दलीय स्वार्थों के साधन में लगे रहते हैं। चुनाव में जीतने के बाद सत्ता पर कब्जा बनाए रखना उनका मुख्य लक्ष्य हो जाता है तथा जनता से किए वायदे वे भूल जाते हैं।।

6. आधुनिक लोकतन्त्र में राजनीतिक दल जनता की भावनाओं को भड़काते हैं—जयप्रकाश नारायण जी के अनुसार आधुनिक लोकतन्त्र के अन्तर्गत राजनीतिक दल सत्ता प्राप्त करने के बाद जातिवाद, भाषावाद, क्षेत्रवाद तथा साम्प्रदायवाद आदि का सहारा लेते हैं। लोगों में मतभेद को बढ़ाना तथा इन मतभेदों से लाभ उठाना राजनीतिक दलों का उद्देश्य होता है। ये राजनीतिक दल राष्ट्रीय एकता को भी क्षति पहुँचाते हैं।

जयप्रकाश नारायण आधुनिक लोकतन्त्र की कार्यप्रणाली से असन्तुष्ट थे। आधुनिक लोकतन्त्र सही अर्थों में दल तंत्र बन कर रह गया है। इसमें तंत्र तो है परन्तु लोक का स्थान नौकरशाही ने ले लिया है। शक्तियों का अत्यधिक केन्द्रीयकरण हो गया है। जनता की समस्याओं की उपेक्षा की जाती है तथा उसे नारों तथा घोषणाओं के द्वारा ठगा तथा बहकाया जाता है। राजनीतिक दलों की भूमिका रचनात्मक नहीं है। वे जनता को शिक्षित करने के बजाय उसे संकीर्ण विचारों (जातिवाद, भाषावाद, सम्प्रदायवाद तथा क्षेत्रवाद) के लिये प्रेरित करते हैं। इसीलिए जयप्रकाश नारायण ने आधुनिक लोकतन्त्र के स्थान पर दलविहीन लोकतन्त्र का विचार सामने रखा है।

जयप्रकाश नारायण के हमारे शासन तंत्र में सुधार के लिये सुझाव

जयप्रकाश नारायण ने हमारी राजव्यवस्था में सुधार के बारे में निम्नलिखित महत्त्वपूर्ण सुझाव दिए हैं—

1. सत्ता का विकेन्द्रीयकरण—जयप्रकाश नारायण सत्ता केन्द्रीयकरण के दोषों से भली-भांति परिचित थे। इसीलिए उन्होंने सत्ता के विकेन्द्रीकरण का सुझाव दिया है। उनका विचार था कि विभिन्न स्तरों पर लोकतान्त्रिक प्रक्रिया में जनता की जितनी अधिक भागीदारी होगी, लोकतन्त्र उतनी ही सफलता एवं क्षमतापूर्वक कार्य करेगा। अपनी विकेन्द्रीकरण की योजना में जयप्रकाश नारायण ने गाँव को सबसे छोटी अथवा निचली इकाई चुना है।

जयप्रकाश नारायण ने अपनी विकेन्द्रीकरण की योजना में 'ग्राम सभा' को सबसे निचली इकाई के रूप में रखा है। गाँव के सभी व्यस्क स्त्री-पुरुष ग्राम-सभा के सदस्य होंगे तथा ये लोग ग्राम पंचायत के सदस्यों के चुनाव करेंगे। ग्राम पंचायत

ग्राम-सभा की कार्यकारिणी के रूप में कार्य करेगी तथा अपने सभी कार्यों के लिये ग्राम सभा के प्रति उत्तरदायी होगी। ग्राम पंचायत के सदस्यों का चुनाव गैर-दलीय आधार पर सर्वसम्मति से किया जायेगा। यदि किसी नाम पर सर्वसम्मति नहीं है तो लॉटरी के द्वारा निर्णय किया जायेगा। जयप्रकाश नारायण ने राजनीतिक दलों को सुझाव दिया है कि वे स्थानीय स्वशासन की इकाइयों से स्वयं को दूर रखें। जयप्रकाश नारायण के शब्दों में, ''लोगों की स्वशासन की संस्थाओं का विकास नीचे से होना चाहिए तथा उनके विचारों, इच्छाओं एवं आवश्यकताओं के प्रति इन संस्थाओं को न केवल संवेदनशील होना चाहिए वरन् उनके प्रत्यक्ष नियन्त्रण में रहना चाहिए।''

जयप्रकाश नारायण जी का विचार है कि यदि निम्नलिखित बातों का ध्यान में रखा जाये तो कमियों के बावजूद पंचायती राज व्यवस्था सफलतापूर्वक कार्य कर सकती है–

1. लोकतन्त्र की सबसे निचली सीढ़ी ग्राम सभा होनी चाहिए, न कि ग्राम पंचायत।
2. लोगों में गैर-दलीय भावना विकसित करने के लिये दलीय स्वार्थों से दूर गैर-सरकारी संस्थाओं को उन्हें शिक्षित करने की जिम्मेदारी दी जानी चाहिए।
3. पंचायतों के चुनावों में राजनीतिक दलों को किसी भी स्तर पर प्रत्यक्ष अथवा अप्रत्यक्ष हस्तक्षेप की इजाजत नहीं दी जानी चाहिए। चुनाव सर्वसम्मति के द्वारा किये जायें तथा सर्वसम्मति न होने की स्थिति में लॉटरी द्वारा निर्णय होना चाहिए।
4. उच्च स्तर पर वास्तविक शक्ति ग्राम सभा तथा पंचायतों को दी जानी चाहिए तथा जिला परिषद् में जिला मजिस्ट्रेट राज्य सरकार के प्रतिनिधि के रूप में बैठे परन्तु उसे वास्तविक शक्तियाँ प्राप्त नहीं होना चाहिए।
5. प्रत्येक स्वशासी निकाय के पास जिम्मेदारियाँ के निर्वाह के पर्याप्त कोष होना चाहिए अन्यथा शक्तियों के हस्तान्तरण का कोई अर्थ नहीं होगा।
6. विभिन्न स्तरों पर पंचायतों को सत्ता तथा शक्ति जनता से मिलनी चाहिए न कि सरकार से। अन्यथा ये संस्थाएँ सरकार के उपकरण के रूप में कार्य करेंगी।
7. पंचायतों के अन्तर्गत काम करने वाले कर्मचारियों पर पंचायतों का नियन्त्रण रहना चाहिए।
8. पंचायती राज कार्यक्रम में सहायता देने, तथा पंचायती राज की संस्थाओं के कार्यों का निरीक्षण करने तथा उनकी कार्यप्रणाली का मूल्यांकन करने के लिये

एक गैर-राजनीतिक स्वशासी निकाय होना चाहिए जिसका अध्यक्ष सरकारी कर्मचारी न हो अन्यथा वह सरकार के नियन्त्रण से मुक्त रहकर कार्य नहीं कर पायेगा।

जयप्रकाश नारायण ने सुझाव दिया है कि ये स्थानीय संस्थाएँ (पंचायतें) अपनी सामान्य समस्याओं को हल करने के लिये संयुक्त मोर्चे के रूप में 'क्षेत्रीय समुदाय' बना सकती है। ये क्षेत्रीय समुदाय मिलकर जिला समुदाय तथा समुदाय मिलकर प्रादेशिक समुदाय गठित कर सकते हैं। प्रादेशिक समुदायों के द्वारा राष्ट्रीय समुदायों का गठन किया जायेगा।

(i) विधान सभा तथा लोक सभा चुनाव क्षेत्रों के स्तर पर परिवर्तन का सुझाव—जयप्रकाश नारायण ने लोकसभा तथा विधानसभा चुनाव क्षेत्रों के स्तर पर भी सुधार के लिये सुझाव दिये हैं। उनका विचार है कि यदि उच्च स्तर पर केन्द्रीयकरण करना है, तो ग्रामीण समुदायों की स्वायत्तता को बनाये रखना होगा। जयप्रकाश नारायण का सुझाव है कि एक लोकसभा अथवा विधान सभा क्षेत्र के अन्तर्गत आने वाली ग्राम सभाएं दो प्रतिनिधि चुनें तथा ये प्रतिनिधि ही लोकसभा अथवा विधानसभा के उम्मीदवारों का चुनाव करें। विजयी उम्मीदवार को कुल मतों का 30% प्राप्त करना अनिवार्य हो। इस प्रकार लोक सभा तथा विधान सभा के सदस्यों का चुनाव अप्रत्यक्ष चुनाव होगा। जिसमें ग्राम सभाओं की महत्त्वपूर्ण भूमिका होगी। इस प्रकार के चुनाव में राजनीतिक दलों का हस्तक्षेप कम हो जायेगा। चुनाव में खर्चा कम होगा तथा निचले स्तर की स्वशासन की इकाइयों का महत्त्व बढ़ेगा। इस प्रकार के चुनाव में लोकसभा तथा विधानसभा के उम्मीदवारों के चुनाव में ग्राम सभाओं का महत्त्व बढ़ जायेगा। जयप्रकाश नारायण के अनुसार यह सही अर्थों में 'सहभागी लोकतन्त्र' होगा।

(ii) आर्थिक सत्ता का विकेन्द्रीकरण—जयप्रकाश नारायण का विचार है कि राजनीतिक सत्ता के विकेन्द्रीकरण से आर्थिक विकेन्द्रीकरण का मार्ग प्रशस्त होगा। 'आत्म निर्भर' तथा 'स्वशासी' गाँवों के लिये जिस प्रकार की अर्थव्यवस्था की आवश्यकता होगी, उसमें भारी उद्योगों के लिये कोई स्थान नहीं होगा। कुटीर उद्योग इन गाँवों की आवश्यकताओं की पूर्ति करेंगे। कुटीर उद्योग सहाकरी आधार पर स्थापित किये जायेंगे तथा इनमें काम करने वाले मजदूर-कारीगर ही इनके मालिक होंगे। इस प्रकार इन कुटीर उद्योगों में न तो प्रतिस्पर्द्धा ही होगी और न शोषण ही। इन स्वशासी तथा आत्मनिर्भर गाँवों की आवश्यकताएँ सीमित होंगी, अतः बड़े उद्योगों की आवश्यकता ही नहीं होगी। ऐसे गाँवों में स्थापित उद्योगों का

आधार गाँव की आवश्यकता तथा उपभोग के लिये वस्तुएं उत्पादन करना होगा। ये उद्योग लाभ कमाने के उद्देश्य से उत्पादन नहीं करेंगे। जयप्रकाश नारायण के अनुसार ये स्वशासी तथा आत्मनिर्भर गाँव आपस में व्यापार भी करेंगे। उन्होंने कहा है कि इस विकेन्द्रीकृत अर्थव्यवस्था के अन्तर्गत एक स्थान पर आवश्यकता से अधिक उत्पादित अतिरिक्त वस्तुओं को दूसरे स्वशासी ग्रामीण इकाई में भेजने की व्यवस्था होगी।

जयप्रकाश नारायणजी ने आर्थिक विकेन्द्रीकरण को राज्य के कठोर नियन्त्रण से छुटकारा पाने का उपाय बताया है। उन्होंने कहा है कि, ''सर्वसत्तावादी राज्यों के बारे में अनुभव यह बताता है कि यदि राज्य सामाजिक परिवर्तन के एकमात्र अभिकर्त्ता के रूप में कार्य करेगा तो ऐसी स्थिति में अत्यधिक कठोर रूप से अनुशासित समाज की स्थापना होगी जिसमें राज्य सर्वसत्तासम्पन्न होगा तथा लोगों में पहल की भावना समाप्त हो जायेगी तथा वे अमानवीय मशीन में मात्र पुर्जा ही होंगे।'' इस प्रकार जयप्रकाशजी राजनीतिक तथा आर्थिक क्षेत्र में राज्य के कम से कम हस्तक्षेप के समर्थक हैं। उनके अनुसार ज्यों-ज्यों राज्य की भूमिका कम होती जायेगी, वैसे-वैसे उनके लोप होने की सम्भावनाएँ बढ़ती जायेगी।

2. दलविहीन प्रजातंत्र–जयप्रकाश नारायणजी के अनुसार वर्तमान प्रजातंत्र का एक गम्भीर दोष दल-प्रणाली है। दल-प्रणाली ने लोकतन्त्र में लोगों की वास्तविक भागीदारी को समाप्त कर दिया है। जनता तथा सरकार के बीच प्रत्यक्ष सम्पर्क समाप्त हो गया है। जनता के प्रतिनिधियों का चुनाव राजनीतिक दलों द्वारा किया जाता है तथा मतदाता इन उम्मीदवारों में से एक को विजयी बनाते हैं। ये उम्मीदवार जनता का प्रतिनिधित्व न करके राजनीतिक दलों का प्रतिनिधित्व करते हैं। जयप्रकाश नारायण के शब्दों में, ''राजनीतिक दल-प्रणाली में लोगों की स्थिति उन भेड़ों के समान बना दी है जिनका केवल मात्र कार्य निर्धारित अवधि के बाद गड़ेरियों का चुनाव करना है जो उनके हितों की देखभाल करेंगे।''

जयप्रकाश नारायण के अनुसार राजनीतिक दल शक्ति की राजनीति करते हैं तथा चुनाव में भ्रष्टाचार तथा अनैतिक साधनों के प्रयोग को बढ़ावा देते हैं। इससे राजनीति दूषित हो गयी है तथा स्वार्थी राजनीतिज्ञों का जमावड़ा बनकर रह गयी है। राजनीतिक दल लोगों में मतभेद पैदा करके वोट प्राप्त करने का प्रयास करते हैं। अतः दलीय व्यवस्था के इन दोषों से बचने के लिये जयप्रकाश नारायण ने 'दलविहीन प्रजातंत्र' का विचार सामने रखा। दलविहीन प्रजातंत्र में जनता तथा सरकार के बीच सीधा सम्पर्क होगा।

जयप्रकाश नारायण जी ने अपने 'दलविहीन लोकतन्त्र' के विचार को कार्य रूप में परिणित करने के लिये एक योजना सामने रखी। इस योजना के अन्तर्गत लोग अपने प्रतिनिधियों का चुनाव सर्वसम्मति से करेंगे। पंचायत अथवा ग्राम मण्डल में प्रत्येक परिवार से एक प्रतिनिधि होगा। यह मण्डल ही गांव से सम्बन्धित सभी मामलों में निर्णय लेगा। ये ग्राम मण्डल अथवा पंचायतें थाना पंचायतों का चुनाव करेगी। थाना पंचायतें जिला पंचायतों का, तथा जिला पंचायते प्रादेशिक पंचायतों का तथा अन्त में प्रादेशिक पंचायतें केन्द्रीय पंचायतों का चुनाव करेंगी। जयप्रकाश नारायण के अनुसार इन पंचायतों में चुनाव सर्वसम्मति के आधार पर होगा। राजनीतिक दलों को चुनावों से दूर रखा जायेगा तथा वे सर्वोदय समाज की स्थापना में सहायता करेंगे। विधान सभाओं तथा लोकसभा में राजनीतिक दलों का तटस्थ होना, जयप्रकाश नारायण जी आवश्यक मानते हैं। उम्मीदवार भले ही राजनीति दलों के प्रत्याशी के रूप में विधान सभा तथा लोकसभा का चुनाव लड़ें परन्तु जीतने के बाद उन्हें राजनीतिक दलों से सम्बन्ध विच्छेद करने होंगे।

जयप्रकाश नारायण का दलविहीन लोकतन्त्र का विचार सैद्धान्तिक रूप में बहुत अच्छा लगता है। परन्तु व्यवहार में यह काफी मुश्किल दिखाई देता है। सर्वसम्मति से विभिन्न स्तरों पर चुनाव सम्भव नहीं दिखाई देता।

जयप्रकाश नारायण द्वारा भारतीय राज्य तंत्र में सुधार के अन्य सुझाव

जयप्रकाश नारायण ने दलविहीन लोकतन्त्र के विचार की अव्यावहारिकता को देखते हुए भारतीय लोकतान्त्रिक व्यवस्था में सुधार के लिये निम्नलिखित सुझाव दिए–

1. संसदीय लोकतन्त्र के सफल संचालन के लिये मजबूत तथा सशक्त विरोधी दल का होना आवश्यक है। जयप्रकाश नारायण बहुदलीय व्यवस्था के पक्ष में नहीं है। उन्होंने छोटे-छोटे राजनीतिक दलों को मिलाकर सशक्त विरोधी दल की स्थापना का सुझाव दिया है। 1977 के चुनावों में काँग्रेस के विरोध में उनके प्रयासों से गैर-साम्यवादी दलों को मिलाकर जनता दल का निर्माण हुआ तथा उसे सफलता मिली।
2. जयप्रकाश नारायण ने मताधिकार के लिये उम्र 21 वर्ष से घटाकर 20 वर्ष करने का सुझाव दिया। उनका विचार था कि इससे भारतीय लोकतन्त्र के आधार पर विस्तार होगा तथा नवयुवकों को लोकतन्त्र में भाग लेने का अवसर प्राप्त होगा।

3. चुनाव आयोग को एक सदस्यीय निकाय के बजाय बहु-सदस्यीय निकाय बना दिया जाये तथा इसमें असंदिग्ध ईमानदारी तथा चरित्र के लोगों को मनोनीत किया जाये। इसमें सर्वोच्च न्यायालय तथा उच्च न्यायालय के अवकाश प्राप्त न्यायाधीश हो सकते हैं। चुनाव आयोग के सदस्यों का चुनाव करने के लिये एक बोर्ड हो जिसमें सर्वोच्च न्यायालय के मुख्य न्यायाधीश, प्रधानमंत्री तथा विरोधी दलों के प्रतिनिधि को शामिल किया जाये।
4. मतदाताओं को अपने प्रतिनिधियों को 'वापिस बुलाने' का अधिकार होना चाहिए। इससे प्रतिनिधियों को भय बना रहेगा तथा वे दल-बदल एवं भ्रष्टाचार में लिप्त होने से बचेंगे।
5. अन्यायपूर्ण सामाजिक व्यवस्था के स्थान पर समतावादी, शोषण रहित सामाजिक व्यवस्था स्थापित की जाये।

निष्कर्ष रूप में यह कहा जा सकता है कि–जयप्रकाश नारायण ने भारतीय लोकतान्त्रिक व्यवस्था में सुधार के जो सुझाव दिए हैं, यदि उन पर अमल किया जा सके तो निसन्देह रूप से हमारी व्यवस्था में गुणात्मक परिवर्तन होगा। परन्तु उनकी स्वशासी तथा आत्मनिर्भर गाँवों की परिकल्पना तथा दलविहीन लोकतन्त्र का विचार अव्यावहारिक है। इन विचारों की अव्यावहारिकता को देखते हुए उन्होंने बाद में कुछ अन्य सुझाव दिए जिन पर अमल हुआ है। आज भारत में सशक्त विपक्ष है, बहु सदस्यीय चुनाव आयोग है। 18 वर्ष की आयु के नवयुवकों को मताधिकार प्राप्त हो गया है। न्यायपालिका प्रशसंनीय कार्य कर रही है।

7

जयप्रकाश नारायण की सम्पूर्ण क्रान्ति की अवधारणा

सम्पूर्ण क्रान्ति जयप्रकाश नारायण का विचार व नारा था जिसका आह्वान उन्होने इंदिरा गांधी की सत्ता को उखाड़ फेकने के लिये किया था। लोकनायक नें कहा कि सम्पूर्ण क्रांति में सात क्रांतियाँ शामिल है–राजनैतिक, आर्थिक, सामाजिक, सांस्कृतिक, बौद्धिक, शैक्षणिक व आध्यात्मिक क्रांति। इन सातों क्रांतियों को मिलाकर सम्पूर्ण क्रान्ति होती है। पटना के ऐतिहासिक गांधी मैदान में जयप्रकाश नारायण ने संपूर्ण क्रांति का आहवान किया था। मैदान में उपस्थित लाखों लोगों ने जात-पात, तिलक, दहेज और भेद-भाव छोड़ने का संकल्प लिया था। उसी मैदान में हजारों-हजार ने अपने जनेऊ तोड़ दिये थे। नारा गूंजा था–

जात-पात तोड़ दो, तिलक-दहेज छोड़ दो।
समाज के प्रवाह को नयी दिशा में मोड़ दो।

सम्पूर्ण क्रांति की तपिश इतनी भयानक थी कि केन्द्र में कांग्रेस को सत्ता से हाथ धोना पड़ गया था। जय प्रकाश नारायण जिनकी हुंकार पर नौजवानों का जत्था सड़कों पर निकल पड़ता था। बिहार से उठी सम्पूर्ण क्रांति की चिंगारी देश के कोने-कोने में आग बनकर भड़क उठी थी। जे. पी. के नाम से मशहूर जयप्रकाश नारायण घर-घर में क्रांति का पर्याय बन चुके थे। लालू यादव, नीतीश कुमार, रामविलास पासवान और सुशील कुमार मोदी, आज के सारे नेता उसी छात्र युवा संघर्ष वाहिनी का हिस्सा थे। लोकनायक जय प्रकाश का इस संदर्भ में कहना था कि

"सम्पूर्ण क्रांति से मेरा तात्पर्य समाज के सबसे अधिक दबे-कुचले व्यक्ति को सत्ता के शिखर पर देखना है।"

पांच जून, 1974 की विशाल सभा में जे. पी. ने पहली बार 'सम्पूर्ण क्रान्ति' के दो शब्दों का उच्चारण किया। क्रान्ति शब्द नया नहीं था, लेकिन 'सम्पूर्ण क्रान्ति' नया था। गांधी परम्परा में 'समग्र क्रान्ति' का प्रयोग होता था।

पांच जून को सायंकाल पटना के गांधी मैदान पर लगभग पांच लाख लोगों की अति उत्साही भीड़ भरी जनसभा में देश की गिरती हालत, प्रशासनिक भ्रष्टचार, महंगाई, बेरोजगारी, अनुपयोगी शिक्षा पद्धति और प्रधानमंत्री द्वारा अपने ऊपर लगाये गए आरोपों का सविस्तार उत्तर देते हुए जयप्रकाश नारायण ने बेहद भावातिरेक में जनसाधारण का पहली बार 'सम्पूर्ण क्रान्ति' के लिये आह्वान किया। जे.पी. ने कहा–

'यह क्रान्ति है मित्रों! और सम्पूर्ण क्रान्ति है। विधान सभा का विघटन मात्र इसका उद्देश्य नहीं है। यह तो महज मील का पत्थर है। हमारी मंजिल तो बहुत दूर है और हमें अभी बहुत दूर तक जाना है।'

पांच जून को जे. पी. ने घोषणा की–भ्रष्टाचार मिटाना, बेरोजगारी दूर करना, शिक्षा में क्रान्ति लाना, आदि ऐसी चीजें हैं जो आज की व्यवस्था से पूरी नहीं हो सकतींय क्योंकि वे इस व्यवस्था की ही उपज हैं। वे तभी पूरी हो सकती हैं जब सम्पूर्ण व्यवस्था बदल दी जाए। और, सम्पूर्ण व्यवस्था के परिवर्तन के लिए क्रान्ति- 'सम्पूर्ण क्रान्ति' आवश्यक है। इस व्यवस्था ने जो संकट पैदा किया है वह सम्पूर्ण और बहुमुखी (टोटल ऐण्ड मल्टीडाइमेंशनल) है, इसलिए इसका समाधान सम्पूर्ण और बहुमुखी ही होगा। व्यक्ति का अपना जीवन बदले, समाज की रचना बदले, राज्य की व्यवस्था बदले, तब कहीं बदलाव पूरा होगा, और मनुष्य सुख और शान्ति का मुक्त जीवन जी सकेगा। जे.पी. का 'सम्पूर्ण' गांधी का 'समग्र' है।

सम्पूर्ण क्रान्ति का आह्वान

पांच जून के पहले छात्रों-युवकों की कुछ तात्कालिक मांगें थीं, जिन्हें कोई भी सरकार जिद न करती तो आसानी से मान सकती थी। लेकिन पांच जून को जे. पी. ने घोषणा की–

भ्रष्टाचार मिटाना, बेरोजगारी दूर करना, शिक्षा में क्रान्ति लाना, आदि ऐसी चीजें हैं जो आज की व्यवस्था से पूरी नहीं हो सकतींय क्योंकि वे इस व्यवस्था की

ही उपज हैं। वे तभी पूरी हो सकती हैं जब सम्पूर्ण व्यवस्था बदल दी जाए। और, सम्पूर्ण व्यवस्था के परिवर्तन के लिए क्रान्ति, 'सम्पूर्ण क्रान्ति' आवश्यक है।

सम्पूर्ण क्रान्ति के आह्वान उन्होंने श्रीमती इंदिरा गांधी की सत्ता को उखाड़ फेंकने के लिये किया था।

लोकनायक नें कहा कि सम्पूर्ण क्रांति में सात क्रांतियाँ शामिल है–राजनैतिक, आर्थिक, सामाजिक, सांस्कृतिक, बौद्धिक, शैक्षणिक व आध्यात्मिक क्रांति। इन सातों क्रांतियों को मिलाकर सम्पूर्ण क्रान्ति होती है। सम्पूर्ण क्रांति की तपिश इतनी भयानक थी कि केन्द्र में कांग्रेस को सत्ता से हाथ धोना पड़ गया था। जय प्रकाश नारायण जिनकी हुंकार पर नौजवानों का जत्था सड़कों पर निकल पड़ता था। बिहार से उठी सम्पूर्ण क्रांति की चिंगारी देश के कोने-कोने में आग बनकर भड़क उठी थी।

छात्रों का आह्वान

जे.पी. ने छात्रों से सम्पूर्ण क्रान्ति को सफल बनाने के लिए एक वर्ष तक विश्वविद्यालयों और कॉलेजों को बंद रखने का आह्वान किया। उन्होंने कहा कि- 'केवल मंत्रिमंडल का त्याग पत्र या विधान सभा का विघटन काफी नहीं है, आवश्यकता एक बेहतर राजनीतिक व्यवस्था का निर्माण करने की है। छात्रों की सीमित मांगें, जैसे भ्रष्टाचार एवं बेरोजगारी का निराकरण, शिक्षा में क्रान्तिकारी परिवर्तन आदि बिना सम्पूर्ण क्रान्ति के पूरी नहीं की जा सकती।' उन्होंने सीमा सुरक्षा बल और बिहार सशस्त्र पुलिस के जवानों से अपील की कि वे सरकार के अन्यायपूर्ण और गैर कानूनी आदेशों को मानने से इनकार कर दें।

जे.पी. ने सात जून से बिहार विधान सभा भंग करो अभियान चलाने, मंत्रियों और विधायकों को विधान सभा में प्रवेश करने से रोकने के लिए सभा के फाटकों पर धरना देने, प्रखण्ड से सचिवालय स्तर तक प्रशासन ठप्प करने, लोकशक्ति को बढ़ाने हेतु छात्र युवक एवं जन संगठन बनाने, नैतिक मूल्यों की सदाचरण द्वारा स्थापना करने तथा गरीब और कमजोर वर्ग की समस्याओं से निपटने के लिए भी छात्रों और जनसाधारण का आह्वान किया।

सात जून को जे.पी. का भाषण जब समापन की ओर था तभी सभास्थल पर गोलियों से घायल लगभग 12 लोग पहुंचे और सभा में तीव्र उत्तेजना फैल गई। ये राजभवन से लौटने वाली भीड़ के वे लोग थे जो पीछे रह गए थे। इन लोगों पर बेली रोड स्थित एक मकान से गोली चलाई गई थी। पटना के तत्कालीन जिलाधीश

विजयशंकर दुबे के अनुसार- उस मकान में 'इन्दिरा ब्रिगेड' नामक संगठन के कार्यकर्ता रहते थे। उनमें छह व्यक्ति गिरफ्तार कर लिए गए, जिनमें से एक के पास से धुआं निकलती बन्दूक और छह गोलियां बरामद की गई थी। सभा में जिलाधीश द्वारा लिखा गया पत्र भी पढ़कर सुनाया गया, जिसमें पुलिस द्वारा तत्काल कार्रवाई करने तथा गोलीकाण्ड के बावजूद प्रदर्शनकारियों द्वारा शान्ति और संयम बरतने की सराहना की गई थी। विशाल जन समूह के लोग गोलीबारी से चोट खाए लोगों को देखकर इस हद तक उद्वेलित हो उठे थे कि यदि जे.पी. को दिया गया शान्तिपूर्ण रहने का वचन न होता और स्वयं जे.पी. वहां मौजूद न होते, तो शायद उस शाम इन्दिरा ब्रिगेड के दफ्तर से लेकर विधान भवन-सचिवालय आदि, सब कुछ जल गया होता। सभा स्थल पर जे.पी. ने कहा- 'देखो ऐसा नहीं होना चाहिए कि आप लोग धारा में बह जाएं, उस स्थान पर जाकर आग लगा दें। वचन देते हो न कि शान्त रहोगे?' लाखों ने हाथ उठाकर, सिर हिलाकर और 'हां' की जोरदार आवाज लगाकर जे.पी. को वचन दिया। प्रदर्शनकारियों और आम जनता ने- 'हमला चाहे जैसा होगा, हाथ हमारा नहीं उठेगा' के नारे का वस्तुतः पालन करके जे.पी. को दिखा दिया। लोग एकदम शान्त हो गये, ऐसा था जे.पी. का प्रभाव और उनके नेतृत्व में चल रहे आन्दोलन का अनुशासन।

जे.पी. के निकट सहयोगी एवं प्रख्यात् चिन्तक आचार्य राममूर्ति के अनुसार- 'पांच जून के विशाल प्रदर्शन को देखकर ऐसा लगा जैसे पूरा बिहार खड़ा हो गया है और जनता किसी अज्ञात नियति की ओर बढ़ने को आतुर है। सारे संघर्ष ने 'सत्ता बनाम जनता' का रूप ले लिया। पांच जून, आन्दोलन में नए मोड़ का दिन था। वह एक विशेष दिन था जब बूढ़े और बीमार जे.पी. हस्ताक्षरों के बण्डल ट्रक पर लादकर राज्यपाल के घर गए। इन हस्ताक्षरों में इस बात की घोषणा थी कि प्रचलित सत्ता में जनता का विश्वास नहीं रहा और इस बात की भी परोक्ष घोषणा थी कि उसे विश्वास है जे.पी. और उनके आन्दोलन पर।'

आन्दोलन का चौथा दौर

बिहार छात्र आन्दोलन का चौथा चरण सात जून, 1974 से जयप्रकाश नारायण के इस आह्वान के अनुसार प्रारम्भ हुआ कि 'हमें सम्पूर्ण क्रान्ति चाहिए, इससे कम नहीं।' 'विधान सभा भंग करो।' के स्थान पर 'विधान सभा भंग करेंगे' के नारे के साथ अहिंसक एवं शान्तिपूर्ण ढंग से सत्याग्रह, धरना आदि का कार्यक्रम प्रारम्भ किया गया। जे.पी. द्वारा निर्देशित आन्दोलन का कार्यक्रम निम्न प्रकार था–

1. विधान सभा भंग करने का अभियान चलाना
2. विधान सभा के सभी फाटकों पर सत्याग्रह और धरना आयोजित कर सदस्यों को अन्दर न जाने देना।
3. सचिवालय से लेकर ब्लॉक स्तर तक प्रशासनिक कामकाज एकदम ठप्प कर देना।
4. अपनी मांगों की पूर्ति के लिए प्रदर्शन, सत्याग्रह कर जेल जाना।

छात्र संघर्ष समिति द्वारा विधायकों के इस्तीफे की मांग

छात्र संघर्ष समिति ने विधान सभा के समक्ष धरना प्रारम्भ करने के पूर्व सभी दलों के विधायकों से त्याग पत्र देने की मांग की और घोषित किया कि बिहार विधान सभा को भंग करने की मांग को लेकर धरने का कार्यक्रम एक सप्ताह तक चलेगा। यदि तब तक विधायकों ने इस्तीफे नहीं दिये तो 12 जून से उनके घरों का घेराव किया जाएगा।

बिहार में आन्दोलन नए चरण में पहुंच गया। सम्पूर्ण प्रदेश की जनता संघर्ष करने की मनःस्थिति में आती जा रही थी। वहीं इस आन्दोलन में छात्रों के समर्थक गैर-कम्युनिस्ट विपक्षी दलों में वैचारिक, रणनीति संबंधी एवं संगठनात्मक संकट गंभीर हो गया। हुआ यह कि इन दलों के अनेक विधायकों ने पांच जून की अंतिम तिथि बीत जाने के बावजूद अपनी पार्टी के नेतृत्व द्वारा दिए गए निर्देश के बावजूद विधान सभा की सदस्यता से त्याग पत्र नहीं दिया।

विधान सभा के 24 सदस्यीय जनसंघ गुट के विधायकों में लालमुनि चौबे ने अगुवाई की और उनके सहित 12 विधायकों ने विधान सभा की सदस्यता से त्याग पत्र दिया, पर आठ जनसंघी विधायकों ने पार्टी के निर्देश को ठुकरा दिया। जनसंघ ने इन आठ विधायकों तथा तीन अन्य को पार्टी से छह वर्ष के लिए निष्कासित कर दिया। शेष एक विधायक ने उसी दिन त्याग पत्र दे दिया। तेरह सदस्यीय संयुक्त सोशलिस्ट पार्टी के 7 विधायकों ने इस्तीफा दिया, अन्य ने नहीं। विधान सभा अध्यक्ष हरिनाथ मिश्र के अनुसार उस समय तक केवल 19 विधायकों ने इस्तीफे दिए थे, जिन्हें वे स्वीकार कर चुके थे। संगठन कांग्रेस ने निर्णय किया कि उसके विधायकों के इस्तीफे का प्रश्न 15 व 16 जून को कलकत्ता में हो रही कांग्रेस संगठन 'महासमिति' की बैठक तक स्थगित रहेगा तथा इस मामले पर हाईकमान से विचार किया जाएगा। इस प्रकार कांग्रेस के 23 विधायकों में से किसी ने इस्तीफा नहीं दिया।

विधान सभा के सामने सत्याग्रह, 53 सत्याग्रही गिरफ्तार

सात जून को पटना में बिहार विधान सभा के समक्ष छात्र संघर्ष समिति, सर्वोदय मण्डल तथा गैर-कम्युनिस्ट विपक्षी दलों की ओर से धरना दिया गया। धरने के दौरान विधायकों को विधान सभा में जाने से रोकने पर 53 सत्याग्रही गिरफ्तार किए गए, जिनमें सर्वोदय नेता रामनन्दन सिंह, जन संघ के नेता विजयकुमार मिश्र तथा छात्र नेता विद्यानन्द तिवारी शामिल थे।

इसी दिन बिहार छात्र संघर्ष समिति की संचालन समिति ने छात्रों का आह्वान किया कि वे एक वर्ष तक अपनी कक्षाओं का बहिष्कार करें और श्री जयप्रकाश नारायण के आन्दोलन में शामिल हों। राज्य के विभिन्न जिलों के छात्रों द्वारा जिलाधीश कार्यालयों, अन्य सरकारी दफ्तरों से लेकर ब्लॉक मुख्यालयों पर धरना-प्रदर्शन आदि करने का कार्यक्रम क्रियान्वित किया गया।

बिहार सरकार के मंत्री दरोगा प्रसाद राय ने घोषणा की कि विधायकों के निवास स्थान को 'सुरक्षित क्षेत्र' घोषित कर वहां पुलिस का पहरा रहेगा। अनाधिकृत व्यक्तियों के जाने पर रोक लगाई जाएगी और मिलने वालों की पूरी जांच की जाएगी।

सम्पूर्ण क्रांति की अवधारणा

जयप्रकाश नारायण की सम्पूर्ण क्रान्ति की अवधारणा उनके राजनीतिक चिन्तन का अन्तिम पड़ाव था। गुजरात तथा बिहार में छात्र एवं नवयुवक शक्ति के उदय के पश्चात् जयप्रकाशजी के इन लोगों को राजनीतिक दलों से अलग रहकर देश की सामाजिक, राजनीतिक तथा राजनीतिक व्यवस्था में बुनियादी परिवर्तन लाने का सुझाव दिया। छात्र एवं नवयुवक शक्ति के उदय का कारण सरकार में भ्रष्टाचार, देश की बिगड़ती आर्थिक स्थिति तथा नौजवानों में बेरोजगारी थी। 5 जून, 1974 को पटना के गाँधी मैदान में जयप्रकाशजी ने छात्रों की एक बड़ी सभा को सम्बोधित करते हुए सम्पूर्ण क्रान्ति का कार्यक्रम रखा। उन्होंने अपने सम्बोधन में कहा, "आज आजादी के 27 वर्ष के बाद भी लोग भूख, बढ़ती हुई कीमतों तथा भ्रष्टाचार से परेशान है। रिश्वत दिए बिना कहीं काम नहीं होता। लोग अन्याय से संघर्ष कर रहे हैं परन्तु कोई रास्ता नहीं दिखाई देता। लाखों छात्रों तथा नौजवानों का भविष्य अन्धकार में हैं। गरीबी बढ़ रही है। किसानों की स्थिति दयनीय है।" इस स्थिति से छुटकारा पाने के लिये जयप्रकाशजी ने सम्पूर्ण क्रान्ति की अवधारणा को सामने रखा।

सम्पूर्ण क्रान्ति की अवधारणा को असली जामा पहनाने से पूर्व जयप्रकाश नारायण ने सत्ता परिवर्तन का सुझाव दिया। उन्होंने छात्रों के सामने निम्नलिखित कार्यक्रम रखा–

1. बिहार विधानसभा भंग करने की मांग।
2. सरकार को ठप्प करना।
3. सरकार को कर देने से इन्कार करना।
4. छात्रों द्वारा 1 वर्ष के लिये स्कूल तथा कॉलेजों का बहिष्कार।
5. लोगों की दैनिक आवश्यकताओं की पूर्ति के लिये उन्हें संगठित करना तथा उनकी मदद करना।
6. गरीबों तथा कमजोर वर्ग के लोगों की समस्याओं को हल करने में मदद करना तथा समाज में नैतिक मूल्यों की स्थापना में मदद करना।

जयप्रकाश नारायण ने छात्र शक्ति के महत्त्व को पहचानते हुए उन्हें एक वर्ष तक अपनी पढ़ाई छोड़कर सम्पूर्ण क्रान्ति में समर्पित होने का आह्वान किया। उनका सम्पूर्ण क्रान्ति का आन्दोलन 1942 के "भारत छोड़ों" आन्दोलन की तर्ज पर था। सम्पूर्ण क्रान्ति की अवधारणा को स्पष्ट करते हुए जयप्रकाश नारायण ने कहा, ''सम्पूर्ण क्रान्ति एक ऐसी व्यापक क्रान्ति है जिसके अन्तर्गत–सामाजिक, आर्थिक, राजनीतिक, साँस्कृतिक, वैचारिक अथवा बौद्धिक, शैक्षणिक तथा आध्यात्मिक क्रान्तियां सम्मिलित है। यह संख्या आवश्यकतानुसार कम अथवा अधिक भी हो सकती है।'' उन्होंने आगे कहा कि सत्ता परिवर्तन हमारा उद्देश्य नहीं है परन्तु यह आवश्यक है। जब हमारे प्रतिनिधि भ्रष्टाचार, अक्षमता तथा भाई-भतीजावाद के शिकार हैं तो उन्हें सत्ता से हटाना ही पड़ेगा। इसके पश्चात् व्यक्ति तथा समाज में परिवर्तन के लिये कार्य करना होगा।

1. राजनीतिक स्तर पर परिवर्तन–जयप्रकाश नारायण ने देश में राजनीतिक स्तर पर परिवर्तन लाने के लिये निम्नलिखित सुझाव दिए–

(i) केन्द्र तथा राज्यों में लोकपाल जैसी स्वशासी संस्था की स्थापना जो सार्वजनिक क्षेत्र में भ्रष्टाचार के मामलों में कार्यवाही कर सके। उन्होंने इसे अधिक से अधिक 5 सदस्यीय संस्था बनाने का सुझाव दिया।

(ii) चुनाव सस्ते होने चाहिए तथा प्रशासन जनता के नजदीक हो।

(iii) जनसमितियों का गठन किया जाये जो यह देखे कि चुनावों में जनता से जो वायदे किये गये थे, पूरे किये जा रहे हैं, अथवा नहीं।

2. आर्थिक स्तर पर परिवर्तन–जयप्रकाश नारायण ने आर्थिक स्तर पर निम्न प्रकार के परिवर्तनों का सुझाव दिया है–

(i) मुद्रा-स्फीति को रोकने के लिये उपाय किये जाये।

(ii) कृषि मजदूरों की कार्यदशाओं तथा उनके जीवन की दशाओं में प्रभावी परिवर्तन किये जाने चाहिए।

(iii) औद्योगिक मजदूरों के वेतन में वृद्धि की जानी चाहिए।

3. सामाजिक स्तर पर परिवर्तन–जयप्रकाश नारायण ने समाज से कुछ बुराइयों को दूर करने का सुझाव दिया। उनके अनुसार–

(i) जाति व्यवस्था, विवाह, जन्म तथा मृत्यु से सम्बन्धित चली आ रही कुरीतियों को समाप्त किया जाना चाहिए।

(ii) हरिजन तथा आदिवासी लोगों की आर्थिक दशा में सुधार किया जाना चाहिए जिससे वे समाज के महत्वपूर्ण सदस्य बन सकें।

(iii) दहेज प्रथा, छुआछूत तथा जातिय भेदभाव के विरुद्ध संघर्ष सम्पूर्ण क्रान्ति का मुख्य मुद्दा होना चाहिए।

4. शैक्षणिक स्तर पर परिवर्तन–जयप्रकाशजी ने शैक्षणिक स्तर पर निम्न प्रकार के परिवर्तनों का सुझाव दिया है–

(i) शिक्षा देश की आवश्यकताओं के अनुरूप होनी चाहिए ताकि लोग शिक्षा प्राप्त करके देश की समस्याओं को हल करने में मदद कर सकें।

(ii) शिक्षा का माध्यम सारे देश में एक ही होना चाहिए तथा निरक्षरता को पूरी तरह देश से दूर किया जाना चाहिए।

(iii) विशेषज्ञों की समितियों द्वारा की गयी सिफारिशों को लागू किया जाये। प्राइमरी से विश्व विद्यालय स्तर की शिक्षा के ढाँचे में आमूल-चूल परिवर्तन हो।

(iv) गाँवों में तथा मलिन बस्तियों में रह रहे बुजुर्गों, स्त्रियों तथा बच्चों को छात्रों द्वारा शिक्षित करने का कार्यक्रम चलाया जाये।

सम्पूर्ण क्रान्ति का मूल्यांकन

सम्पूर्ण क्रान्ति का जयप्रकाश नारायणजी का विचार उनके मौलिक चिन्तन तथा भारतीय समस्याओं के बारे में उनकी पैनी दृष्टि का परिचायक है। उन्होंने सम्पूर्ण क्रान्ति के लिये आन्दोलन भी खड़ा कर दिया। जीवन भर जयप्रकाशजी ने किसी पद की इच्छा भी नहीं की। वे सत्ता के बजाय संघर्ष से जुड़े रहे। परन्तु समर्पित एवं

बौद्धिक दृष्टि से परिपक्व कार्यकर्त्ताओं के अभाव के कारण उन्हें अपने लक्ष्य में अधिक सफलता नहीं मिली। उन्होंने तत्कालीन इन्दिरा सरकार को तो सत्ता से अपदस्थ करा दिया परन्तु सत्ता प्राप्त करते ही जनता पार्टी अपने अन्तर्कलह का शिकार हो गयी तथा जयप्रकाशजी के सम्पूर्ण क्रान्ति के आदर्श को भूल गयी। सम्पूर्ण क्रान्ति का उनका स्वप्न अधूरा रह गया।

सम्पूर्ण क्रान्ति के विचार का मूल्यांकन करते समय यह ध्यान में रखा जाना चाहिए कि अहिंसक तरीकों से सामाजिक परिवर्तन का रास्ता आसान नहीं है। यह कार्य एक रात में सम्पन्न नहीं हो सकता। इसके लिये समर्पित कार्यकर्त्ताओं की फौज चाहिए। फिर भी जयप्रकाश नारायणजी के विचार अपने आप में मूल्यावान है।

8

मूल्यांकन

जे. पी. एक महान नेता थे। एक ऐसे नेता, जो महात्मा गांधी को चुनौती देने की हिम्मत रखता था। जिसमें पंडित नेहरू भी प्रधानमंत्री होने की सारी योग्यताएं देखते थे। जिन्होंने सदैव दलविहीन लोकतंत्र की पैरोकारी की। वे चाहते थे कि प्रतिनिधि सीधे चुनाव जीत कर आएं, राजनीतिक दलों के चुनाव लड़ने को वे गलत मानते थे। वे किसी भी क्षण सत्ता के चरम पर पहुंच सकते थे, लेकिन उन्होंने सत्ता के बजाय जन-संघर्ष का रास्ता चुना। सरकारी लोग उनके नाम से कांपते थे। उनका प्रभाव सत्ता में बैठे नेताओं से भी ज्यादा था। उन्होंने संपूर्ण क्रांति से देश की भ्रष्ट सत्ता को चुनौती दी। उन्होंने देश में पहली गैर-कांग्रेसी सरकार को संभव बनाया। उन्होंने ब्रह्मचर्य का पालन किया। जीवन में सदैव नैतिक ऊंचाइयों को छूते रहे। उनके योगदानों की बड़ी लंबी सूची है। उनको चाहने वाले दुनिया के हर कोने में थे। अमेरिकी उन्हें पसंद करते थे, क्योंकि जे. पी. को बनाने में तब के जुझारू व मेहनतकश अमरीका का भी योगदान था, जे. पी. ने 1922 से 1929 तक अमरीका में रहकर मजदूरी करते हुए अध्ययन किया था। जब उनका निधन हुआ, तब सात दिन के राष्ट्रीय शोक की घोषणा हुई थी। पटना में उनके अंतिम दर्शन के लिए विशेष रेलगाड़ियाँ चलाई गई थीं। निस्संदेह, उनकी यादों व स्मारकों की अहमियत हमेशा बनी रहेगी।

कभी घोर मार्क्सवादी थे लोकनायक जयप्रकाश नारायण

देश में संपूर्ण क्रांति की अलख जगाने वाले लोकनायक जयप्रकाश नारायण कभी घोर मार्क्सवादी हुआ करते थे, लेकिन महात्मा गांधी और जवाहरलाल नेहरू

से मिलने एवं आजादी की लड़ाई में सक्रिय भूमिका निभाने के बाद उनकी विचारधारा में बदलाव आया। इसके बाद जब उन्होंने अंग्रेजी शासन के खिलाफ अहिंसक संघर्ष की पुरजोर पैरवी की और उनके क्रान्तिकारी नेतृत्व ने 1970 के दशक में भारतीय राजनीतिक की दशा-दिशा ही बदल दी। वरिष्ठ पत्रकार और उनके साथ लंबे समय तक जुड़े रहे रामबहादुर राय का कहना है कि अमेरिका से पढ़ाई करने के बाद जे. पी. 1929 में स्वदेश लौटे। उस वक्त वह घोर मार्क्सवादी हुआ करते थे। वह सशस्त्र क्रांति के जरिए अंग्रेजी सत्ता को भारत से बेदखल करना चाहते थे हालांकि बाद में बापू और नेहरू से मिलने एवं आजादी की लड़ाई में भाग लेने पर उनके इस दृष्टिकोण में बदलाव आया। जे. पी. का जन्म 11 अक्टूबर, 1902 को बिहार में सारण के सिताबदियारा में हुआ था। पटना से शुरुआती पढ़ाई करने के बाद वह शिक्षा के लिए अमेरिका भी गए हालांकि उनके मन में भारत को आजाद देखने की लौ जल रही थी। यही वजह रही कि वह स्वदेश लौटे और स्वाधीनता आंदोलन में सक्रिय हुए। राय ने कहा कि जे. पी. अपनी पत्नी प्रभावती के कहने पर गांधी से मिलने साबरमती आश्रम गए। यह इत्तेफाक था कि वहां उस वक्त नेहरू भी मौजूद थे। यहीं से जे. पी., नेहरू के करीब आये। नेहरू के कहने पर जे. पी. कांग्रेस के साथ जुड़े हालांकि आजादी के बाद वह आचार्य विनोबा भावे से प्रभावित हुए और उनके सर्वोदय आंदोलन से जुड़े। उन्होंने लंबे वक्त के लिए ग्रामीण भारत में इस आंदोलन को आगे बढ़ाया। उन्होंने आचार्य भावे के भूदान के आह्वान का पूरा समर्थन किया।

जन आंदोलन के जनक

जयप्रकाश नारायण (जे. पी.) को आजादी के बाद जन आंदोलन का जनक माना जाता है। जे. पी. ने आजादी की लड़ाई में अंग्रेजों से लोहा लिया था। उन्होंने एक बार फिर क्रांति की मशाल अपने हाथ में थामी। इस बार उनके निशाने पर अपनी ही सरकार थी। 1974 में पहली बार उन्होंने किसानों के बिहार आंदोलन में राज्य सरकार से इस्तीफे की मांग की। दूसरी ओर केंद्र में काबिज इंदिरा गांधी की प्रशासनिक नीतियों के खिलाफ भी उनके मन में आक्रोश पनप रहा था।

पांच जून 1974 से पहले जो हो रहा था वह प्रदर्शन भर था। पांच जून को वह जन आंदोलन में तब्दील हो गया। जे. पी. का प्रदर्शन छात्रों और युवाओं की कुछ तात्कालिक मांगों तक सीमित था, जिसे तत्कालीन राज्य सरकार मान लेती तो जे.

पी. का प्रदर्शन शायद जन आंदोलन का रूप नहीं लेता, लेकिन सरकार की जिद की वजह से जे. पी. ने पांच जून 1974 को संपूर्ण क्रांति का आह्वान कर दिया। पांच जून की शाम को पटना के गांधी मैदान में लगभग पांच लाख लोगों की अति उत्साही भीड़ भरी जनसभा में देश की गिरती हालत, प्रशासनिक भ्रष्टाचार, महंगाई, बेरोजगारी, दिशाहीन शिक्षा प्रणाली के विरुद्ध जे. पी. ने जनता से संपूर्ण क्रांति का आह्वान किया।

जे. पी. ने सात जून, 1974 से बिहार विधानसभा भंग करो अभियान चलाए और विधायकों, मंत्रियों को रोकने के लिए विधानसभा के सामने प्रदर्शन किया। इस दौरान लाठी चार्ज और गोली-बारी में दर्जनों लोग घायल हुए। इस तरह से पटना के गांधी मैदान से शुरू हुआ जन आंदोलन पूरे भारत में संपूर्ण क्रांति के रूप में बदल गया। इसी बीच 1975 में प्रधानमंत्री इंदिरा गांधी द्वारा आपातकाल लगाए जाने के कदम ने आग में घी का काम किया। इसका नतीजा यह हुआ कि 1977 में हुए आम चुनाव में इंदिरा गांधी सत्ता से बेदखल हो गईं।

पांच जून के पहले जो कुछ था वह 'एजीटेशन' था। पांच जून को 'मूवमेण्ट' की शुरुआत हुई। जब एजीटेशन था तब छात्रों-युवकों की कुछ तात्कालिक मांगें थीं, जिन्हें कोई भी सरकार जिद न करती तो आसानी से मान सकती थी। लेकिन पांच जून को जे. पी. ने घोषणा की—भ्रष्टाचार मिटाना, बेरोजगारी दूर करना, शिक्षा में क्रान्ति लाना, आदि ऐसी चीजें हैं, जो आज की व्यवस्था से पूरी नहीं हो सकतीं, क्योंकि वे इस व्यवस्था की ही उपज हैं। वे तभी पूरी हो सकती हैं जब सम्पूर्ण व्यवस्था बदल दी जाए। और, सम्पूर्ण व्यवस्था के परिवर्तन के लिए क्रान्ति-'सम्पूर्ण क्रान्ति' आवश्यक है।

प्रधानमंत्री द्वारा अपने ऊपर लगाये गए आरोपों का सविस्तार उत्तर देते हुए जयप्रकाश नारायण ने बेहद भावातिरेक में जनसाधारण का पहली बार 'सम्पूर्ण क्रान्ति' के लिये आह्वान किया। जे.पी. ने कहा-

'यह क्रान्ति है मित्रों! और सम्पूर्ण क्रान्ति है। विधान सभा का विघटन मात्र इसका उद्देश्य नहीं है। यह तो महज मील का पत्थर है। हमारी मंजिल तो बहुत दूर है और हमें अभी बहुत दूर तक जाना है।'

जे.पी. ने छात्रों से सम्पूर्ण क्रान्ति को सफल बनाने के लिए एक वर्ष तक विश्वविद्यालयों और कॉलेजों को बंद रखने का आह्वान किया। उन्होंने कहा कि- 'केवल मंत्रिमंडल का त्याग पत्र या विधान सभा का विघटन काफी नहीं है, आवश्यकता एक बेहतर राजनीतिक व्यवस्था का निर्माण करने की है। छात्रों की

सीमित मांगें, जैसे भ्रष्टाचार एवं बेरोजगारी का निराकरण, शिक्षा में क्रान्तिकारी परिवर्तन आदि बिना सम्पूर्ण क्रान्ति के पूरी नहीं की जा सकती।' उन्होंने सीमा सुरक्षा बल और बिहार सशस्त्र पुलिस के जवानों से अपील की कि वे सरकार के अन्यायपूर्ण और गैर कानूनी आदेशों को मानने से इनकार कर दें।

जे.पी. ने सात जून से बिहार विधान सभा भंग करो अभियान चलाने, मंत्रियों और विधायकों को विधान सभा में प्रवेश करने से रोकने के लिए सभा के फाटकों पर धरना देने, प्रखण्ड से सचिवालय स्तर तक प्रशासन ठप्प करने, लोकशक्ति को बढ़ाने हेतु छात्र-युवक एवं जन संगठन बनाने, नैतिक मूल्यों की सदाचरण द्वारा स्थापना करने तथा गरीब और कमजोर वर्ग की समस्याओं से निपटने के लिए भी छात्रों और जनसाधारण का आह्वान किया।

आपातकाल (भारत) की पृष्ठभूमि का सृजन

26 जून 1975 से 21 मार्च 1977 तक का 21 मास की अवधि में भारत में आपातकाल घोषित था। तत्कालीन राष्ट्रपति फखरुद्दीन अली अहमद ने तत्कालीन भारतीय प्रधानमंत्री इन्दिरा गांधी के कहने पर भारतीय संविधान की धारा 352 के अधीन आपातकाल की घोषणा कर दी। स्वतंत्र भारत के इतिहास में यह सबसे विवादास्पद और अलोकतांत्रिक काल था। आपातकाल में चुनाव स्थगित हो गए तथा नागरिक अधिकारों को समाप्त करके मनमानी की गई। जयप्रकाश नारायण ने इसे भारतीय इतिहास की सर्वाधिक काली अवधि कहा था।

1975 की तपती गर्मी के दौरान अचानक भारतीय राजनीति में भी बेचैनी दिखी। यह सब हुआ इलाहाबाद उच्च न्यायालय के उस फैसले से जिसमें इंदिरा गांधी को चुनाव में धांधली करने का दोषी पाया गया और उन पर छह वर्षों तक कोई भी पद संभालने पर प्रतिबंध लगा दिया गया था। लेकिन इंदिरा गांधी ने इस फैसले को मानने से इनकार करते हुए सर्वोच्च न्यायालय में अपील करने की घोषणा की और 26 जून को आपातकाल लागू करने की घोषणा कर दी गई।

आकाशवाणी पर प्रसारित अपने संदेश में इंदिरा गांधी ने कहा, "जब से मैंने आम आदमी और देश की महिलाओं के फायदे के लिए कुछ प्रगतिशील कदम उठाए हैं, तभी से मेरे खिलाफ गहरी साजिश रची जा रही थी।"

आपातकाल लागू होते ही आंतरिक सुरक्षा कानून (मीसा) के तहत राजनीतिक विरोधियों की गिरफ्तारी की गई, इनमें जयप्रकाश नारायण, जॉर्ज फर्नांडिस और अटल बिहारी वाजपेयी भी शामिल थे।

मामला

मामला 1971 में हुए लोकसभा चुनाव का था, जिसमें उन्होंने अपने मुख्य प्रतिद्वंद्वी राज नारायण को पराजित किया था। लेकिन चुनाव परिणाम आने के चार साल बाद राज नारायण ने हाईकोर्ट में चुनाव परिणाम को चुनौती दी। उनकी दलील थी कि इंदिरा गांधी ने चुनाव में सरकारी मशीनरी का दुरूपयोग किया, तय सीमा से अधिक खर्च किए और मतदाताओं को प्रभावित करने के लिए गलत तरीकों का इस्तेमाल किया। अदालत ने इन आरोपों को सही ठहराया। इसके बावजूद इंदिरा गांधी टस से मस नहीं हुई। यहाँ तक कि कांग्रेस पार्टी ने भी बयान जारी कर कहा कि इंदिरा का नेतृत्व पार्टी के लिए अपरिहार्य है।

पहली गैर-कांग्रेसी सरकार

आपातकाल लागू करने के लगभग दो साल बाद विरोध की लहर तेज होती देख प्रधानमंत्री इंदिरा गांधी ने लोकसभा भंग कर चुनाव कराने की सिफारिश कर दी। चुनाव में आपातकाल लागू करने का फैसला कांग्रेस के लिए घातक साबित हुआ। खुद इंदिरा गांधी अपने गढ़ रायबरेली से चुनाव हार गईं। जनता पार्टी भारी बहुमत से सत्ता में आई और मोरारजी देसाई प्रधानमंत्री बने। संसद में कांग्रेस के सदस्यों की संख्या 350 से घट कर 153 पर सिमट गई और 30 वर्षों के बाद केंद्र में किसी गैर कांग्रेसी सरकार का गठन हुआ। कांग्रेस को उत्तर प्रदेश, बिहार, पंजाब, हरियाणा और दिल्ली में एक भी सीट नहीं मिली। नई सरकार द्वारा आपातकाल के दौरान लिए गए फैसलों की जाँच के लिए शाह आयोग गठित की गई। हालाँकि नई सरकार दो साल ही टिक पाई और अंदरूनी अंतर्विरोधों के कारण 1979 में सरकार गिर गई। उप प्रधानमंत्री चौधरी चरण सिंह ने कुछ मंत्रियों की दोहरी सदस्यता का सवाल उठाया जो जनसंघ के भी सदस्य थे। इसी मुद्दे पर चरण सिंह ने सरकार से समर्थन वापस ले लिया और कांग्रेस के समर्थन से उन्होंने सरकार बनाई लेकिन चली सिर्फ पाँच महीने। उनके नाम कभी संसद नहीं जाने वाले प्रधानमंत्री का रिकॉर्ड दर्ज हो गया।

इमरजेंसी लोकतंत्र का काला अध्याय

आज के हिंदुस्तान की नौजवान पीढ़ी के लिए–जो कुल आबादी का आधे से ज्यादा है–इमरजेंसी यानी आपातकाल पाषाणकाल के उस इतिहास का हिस्सा है जिसकी यादें इतनी धुंधला चुकी हैं कि इनको कुरेदने का कोई तुक नहीं।

यह सच है कि इन युवाओं की अपनी जिंदगी के सरोकार बहुत भिन्न हैं और सुनहरे भविष्य की तलाश में उनमें अधिकांश को जनतंत्र की निर्मम हत्या या संविधान के उद्दंड उल्लंघन के पुराने फसानों के बारे में मगजमारी की फुर्सत नहीं। इस वक्त जो लोग फासीवादी तानाशाही का शोर मचा रहे हैं और जिन्हें संसदीय मर्यादा और लोकतांत्रिक परंपराओं की चिंता बौखला रही है बड़ी आसानी से यह नजरंदाज करते हैं कि इन करतूतों की शुरुआत श्रीमती इंदिरा गांधी की गद्दी बचाने के लिए की गई इमरजेंसी की घोषणा से ही हुई थी। भारत उसके बाद अंतर्राष्ट्रीय मंच पर मुंह दिखाने या खोलने लायक नहीं रहा था।

तफसील में जाने की जरूरत नहीं—अपने उच्छृंखल छोटे बेटे संजय के मोह में फंसी इंदिरा ने तब यह कदम उठाया जब इलाहाबाद उच्च न्यायालय ने राजनारायण द्वारा दायर चुनाव याचिका पर उनके खिलाफ फैसला सुनाया। सर्वोच्च न्यायालय ने इसे बिना शर्त स्थगित करने से इंकार कर दिया।

विडंबना यह है कि जयप्रकाश नारायण के लोकप्रिय जनांदोलन से घबराई इंदिरा के चापलूस सलाहकारों की टोली ने, जिसमें सिद्धार्थ शंकर जैसे शातिर वकील शामिल थे इस राय को उचित ठहराया। हां, नानी पालकीवाला ने इसके बाद इंदिरा का वकालतनामा वापस भेज दिया।

इंदिरा और उनके दरबारियों का कहना था कि जयप्रकाश नारायण सेना को बगावत के लिए भड़का कर देश को गृह युद्ध और सर्वनाशक अराजकता के कगार तक पहुंचा चुके थे इसीलिए यह सख्त कदम उठाना जरूरी हुआ था।

जिस तरह आधी रात को यह अध्यादेश लाया गया और बिना रीढ़ वाले राष्ट्रपति फकरूद्दीन अली अहमद ने इस पर हस्ताक्षर किए, वह कहानी भारतीय जनतंत्र के इतिहास में बेहद शर्मनाक है। उसके बाद के अध्याय और भी काले हैं। सैकडों बुजुर्ग नेताओं की गिरफ्तरी, कड़ी सेंसरशिप और पुलिस की ज्यादतियों की बहुत लंबी सूची है।

देश के दुर्भाग्य से इंदिरा की चुनावी हार के बाद जो साझा खिचड़ी सरकार बनी, उसका समय आपसी सर फुटौवल में ही बीता। शाह आयोग की सिफारिशों पर अमल किए जाने से पहले ही इंदिरा और कांग्रेस की वापसी हो गई और इमरजेंसी के मुजरिमों को सजा नहीं दिलाई जा सकी।

इमरजेंसी का अनुभव हमें यह सबक नहीं सिखला सका कि इस देश में आजादी के बरसों बाद भी जनतंत्र की जड़ें कितनी कमजोर हैं और मानवाधिकार कितने असुरक्षित। तब से अब तक इस स्थिति में बहुत फर्क नहीं आया है।

जब तक मतदाता ने वंशवादी-व्यक्ति पूजक कांग्रेस को हाल के चुनावों में खदेड़ा नहीं गया था तब तक यह लगने लगा था कि आपातकाल जैसे हालात फिर पैदा हो रहे हैं। संवैधानिक संस्थाओं की अवमानना, संसद का तिरस्कार, विपक्षियों की बोलती बंद करने की साजिश 1975 की वापसी के संकेत थे। असली सवाल दलगत पक्षधरता और व्यक्तिगत द्वेष से ऊपर उठ कर इमरजेंसी की असलियत को टटोलने का है।

रूस की चाल!

इंदिरा गांधी की जीवन कथा में कैथेरिन फ्रेंक ने लिखा है वर्ष 1975 तक आते-आते उनका डर मानसिक आक्रांतता की हद तक पहुंच गया था। उस समय की स्थितियों के आकलन से लगता है कि सोवियत खुफिया संस्था केजीबी ने यह डर उनके अन्दर अमरीका को लेकर जानबूझकर पैदा किया था।

1971 से 1975 तक स्थितियां बिगड़ने लगीं जे.पी. आन्दोलन, गुजरात के चुनाव में हार और मोरारजी भाई के बगावती तेवर, इलाहाबाद हाईकोर्ट का उनके खिलाफ फैसला और बढ़ता जनाक्रोश। और सबसे ऊपर केजीबी का हिमायती बनकर उन्हें डराने वाली भूमिका व हर स्थिति के लिए अमरीकी सीआईए को दोषी बताना और स्वयं को रक्षक बताना।

विचार क्रांति के प्रणेता - लोकनायक जयप्रकाश नारायण

'विचार-क्रांति का बिगुल फूँकने पर ही संपूर्ण क्रांति के स्वर फूट सकते हैं'। लोकनायक जयप्रकाश नारायण आंदोलनकारी छात्रों के एक समूह के साथ चर्चा कर रहे थे। वह बता रहे थे कि समता, स्वतंत्रता एवं भ्रातृत्व की भावना के आधार पर नए समाज का निर्माण संभव है। उन्होंने कहा कि यदि देश के किसी गाँव की प्रत्येक समस्या का चिंतन किया जाए और उसके संपूर्ण समाधान का प्रयास हो सके, तो समझो कि इसी प्रयास का बड़ा रूप संपूर्ण क्रांति का प्रयास बन जाएगा।

जे. पी. की बाते नई पीढ़ी के युवाओं को प्रेरित कर रही थी। सभी को इस समय जे. पी. के वृद्ध शरीर में तेजस्वी, प्रखर एवं युवा व्यक्तित्व नजर आ रहा था। निष्ठावान-राष्ट्रवादी जयप्रकाश नारायण अपने छात्र जीवन से एक जुझारू स्वाधीनता सेनानी थे। मौलाना अबुल कलाम आजाद की पंक्तियों ने उनके अंतर्मन में क्रांति

की ज्वाला भड़का दी, जब उन्होंने मौलाना को यह कहते सुना - "नौजवानों! अँग्रेजी शिक्षा का त्याग करो और मैदान में आकर ब्रिटिश हुकूमत की ढहती दीवारों को धराशायी करो और ऐसे हिंदुस्तान का निर्माण करो, जो सारे आलम में खुशबू पैदा करे।"

कुछ ऐसे ही स्वर 5 जून, 1975 को सायंकाल पटना के गांधी मैदान में लगभग पाँच लाख लोगों की अति उत्साही भीड़ ने भी सुने, ये स्वर जे. पी. के थे। उन्होंने कहा था–"यह क्रांति है मित्रों! और संपूर्ण क्रांति है।" जब प्रदर्शनकारी लोगों पर प्रशासन ने हिंसा और आक्रामकता का सहारा लेना तय किया तब उन्होंने कहा–"हमारा हथियार अहिंसा है। बोलो, आप वचन देते हो न कि शांत रहोगे?" उत्तर में पाँच लाख स्वर एक साथ उभरे, हमला चाहे जैसा होगा, हमारा हाथ नहीं उठेगा।

इसके बाद तो जे. पी. की आवाज सारे देश की आवाज बन गई। स्वाधीनता के आंदोलनों में अनेक बार हिस्सा लेने वाले, अनेक बार जेल जाने वाले जयप्रकाश नारायण ने राष्ट्रीय स्वाधीनता के लिए हर कष्ट सहन किया। इस कार्य में दरबार की भागीदारी निभाई, उनकी सहधर्मिणी प्रभावती देवी ने। प्रभा के लिए महात्मा गांधी अपने सगे पिता की तरह थे। गांधी जी के लिए भी प्रभा अपनी लाडली बेटी की तरह थी। तभी तो उनके इस विवाह में गांधी जी ने अभिभावक की भूमिका निभाई थी। जयप्रकाश नारायण के अद्‌भूत एवं विलक्षण व्यक्तित्व के महात्मा गांधी एवं पं. नेहरू बड़े ही प्रशंसक थे। सन् 1947 में देश की आजादी के बाद उन्हें सरकार में सम्मिलित होने के लिए आमंत्रित किया गया। उन्हें गृह राज्यमंत्री बनाए जाने का प्रस्ताव था, परंतु उन्होंने स्पष्ट रूप से इनकार कर दिया। अभी इन क्षणों में उनके समीप बैठे छात्र जे.पी. के इन गुणों से भरपूर परिचित थे। उन सभी को पता था कि आठ वर्ष लगातार अमेरिका में रहकर पढ़ाई करने वाले जयप्रकाश नारायण खालिस हिंदुस्तानी हैं। देश का हर दर्द उनके दिल में महसूस होता है।

जे. पी. ने अपने समीप बैठे छात्रों को कुछ संस्मरण सुनाए। इनमें से एक-दो संस्मरण नागालैंड में विद्रोहियों को शांति मार्ग की ओर प्रेरित करने से संबंधित थे। कुछ संस्मरण उनके और विनोबा भावे के प्रयत्नों से बीहड़ों और जंगलों में रहने वाले डाकुओं के आत्मसपर्पण से संबंधित थे। उन्होंने बताया कि कैसे वह और विनोबा भावे मिलकर उत्तर प्रदेश एवं मध्य प्रदेश की सीमा पर उन दिनों बढ़ी हुई डाकुओं

की उग्र समस्या से निबट सके। अपनी इन यादों को ताजा करते हुए उन्होंने कहा–''ये सभी सफलताएँ विचार-क्रांति का ही छोटा रूप थीं। विचारों में परिवर्तन से ही इन सबके जीवन बदल सके।

विचार-क्रांति के सच को अपने जीवन में क्रियान्वित करने वाले, उसे संपूर्ण क्रांति की व्यापकता देने वाले जे. पी. की स्वयं परमपूज्य गुरुदेव श्री राम आचार्य मुक्त कंठ से प्रशंसा करते थे। जब वह आपातकाल के विरोध में जनता की आवाज बने और सभी को अभय देते हुए कहा–''डरो मत! मैं अभी जिंदा हूँ।'' तब गुरुदेव ने कहा था–''इस महान लोकनायक का साथ देने के लिए आध्यात्मिक शक्तियाँ भी कटिबद्ध एवं संकल्पित हैं।'' इसका परिणाम सभी ने सन् 1977 में देखा और अनुभव किया कि परिवर्तन का तूफानी चक्र कैसे परिवर्तन करता है।

बाद में जब आठ अक्टूबर, 1977 को उनका देहावसान हुआ तो अनेकों आँखों मे आँसुओं के साथ परमपूज्य गुरुदेव की आँखों में भी आँसू थे। इस अवसर पर उन्होंने कहा था–''मैं स्पष्ट कहता हूँ, भारत देश जयप्रकाश जी को त्याग-तपस्या के प्रतीक और जनहित के लिए सर्वस्व निछावर करने वाले महान योद्धा तथा जनभावना को स्वर देने वाले विचार-क्रांति के महावीर की तरह हमेशा याद रखेगा।'' उन्हें कभी कोई मोह बाँध न सका, पद-लिप्सा उन्हें स्पर्श भी न कर सकी। वह तो बस, लोकसेवा का सूत्र थामें जीवन भर चलते रहे-जलते रहे। यह भारत देश का सामाजिक एवं राष्ट्रीय सत्य है कि भारत के सामाजिक एवं राजनीतिक जीवन की थाली में वह तुलसीदल की तरह सर्वाधिक पवित्र आत्मा थे। उनका संपूर्ण जीवन जैसे पुरातन शास्त्रों की पवित्रता की सर्वाधिक सटीक और सामयिक व्याख्या थी।

जयप्रकाश नारायण ने तय की थी देश की दिशा

देश में आजादी की लड़ाई से लेकर वर्ष 1977 तक तमाम आंदोलनों की मशाल थामने वाले जयप्रकाश नारायण का नाम देश के ऐसे शख्स के रूप में उभरता है जिन्होंने अपने विचारों, दर्शन तथा व्यक्तित्व से देश की दिशा तय की थी। उनका नाम लेते ही एक साथ उनके बारे में लोगों के मन में कई छवियां उभरती हैं। लोकनायक के शब्द को असलियत में चरितार्थ करने वाले जयप्रकाश नारायण अत्यंत समर्पित जननायक और मानवतावादी चिंतक तो थे ही इसके साथ साथ उनकी छवि अत्यंत शालीन और मर्यादित सार्वजनिक जीवन जीने वाले व्यक्ति की भी है।

जवाहरलाल नेहरू विश्वविद्यालय में समाज शास्त्र के प्रोफेसर आनंद कुमार ने बातचीत में बताया, मैं उनकी तीसरी पीढ़ी का अनुयायी था। पितामह, पिता और स्वयं के संबंधों के प्रकाश में यह भी स्पष्ट याद आता है कि वह अपने मित्रों तथा सहयोगियों के प्रति अत्यंत प्रेममयी संबंध रखने वाले असाधारण नेता थे। उन्होंने जयप्रकाश को याद करते हुये कहा, उनको आप सभी दृष्टियों में एक अजातशत्रु, महामानव की परंपरा का श्रेष्ठ प्रतीक कह सकते हैं। जयप्रकाश नारायण का जन्म 11 अक्तूबर 1902 को बिहार के महाराजगंज लोकसभा क्षेत्र में आने वाले 'लाला का टोला' में हुआ था। आज के समय में जय प्रकाश नारायण की प्रासंगिकता के बारे में पूछे गये सवाल के जबाव में वरिष्ठ पत्रकार रामबहादुर राय ने कहा कि वह आज के समय में पहले से ज्यादा प्रासंगिक हैं।

उन्होंने बताया, जयप्रकाश नारायण ने जो सवाल उठाया था उसका जवाब उनके जीवन काल में नहीं मिल पाया। वह समस्या आज पहले से भी ज्यादा विकराल रूप में यथावत है और उससे निपटने का आंदोलन ही एकमात्र रास्ता है। जयप्रकाश हमेशा चुनाव सुधार की बात करते थे और इसमें कम खर्च करने पर जोर देते थे।

रामबहादुर राय ने बताया कि वर्ष 1971 के लोकसभा चुनाव में 100 करोड़ रुपये खर्च होने पर जयप्रकाश नारायण ने अफसोस जताया था लेकिन आज के समय में किसी एक लोकसभा क्षेत्र में इससे कहीं ज्यादा धन खर्च हो जाता है। ऐसे में सुधार को लेकर आज उनकी प्रासंगिकता कहीं अधिक बढ़ जाती है। जयप्रकाश नारायण को वर्ष 1977 में हुए 'संपूर्ण क्रांति आंदोलन' के लिए जाना जाता है लेकिन वह इससे पहले भी कई आंदोलनों में शामिल रहे थे। उन्होंने कांग्रेस के अंदर सोशलिस्ट पार्टी योजना बनायी थी और कांग्रेस को सोशलिस्ट पार्टी का स्वरूप देने के लिए आंदोलन शुरू किया था।

इतना ही नहीं जेल से भाग कर नेपाल में रहने के दौरान उन्होंने सशस्त्र क्रांति शुरू की थी। इसके अलावा वह किसान आंदोलन, भूदान आंदोलन, छात्र आंदोलन और सर्वोदय आंदोलन सहित छोटे-बड़े कई आंदोलनों गें शामिल रहे और उन्हें अपना समर्थन देते रहे।

रामबहादुर राय का कहना है कि जयप्रकाश नारायण के 'संपूर्ण क्रांति' आंदोलन का उद्देश्य सिर्फ इंदिरा गांधी की सरकार को हटाना और जनता पार्टी की सरकार को लाना नहीं था, उनका उद्देश्य राष्ट्रीय राजनीति में एक बड़ा बदलाव लाना था।

जयप्रकाश के जीवन काल में सिर्फ एक राज्य सरकार ऐसी थी जिसने उनके सपनों को साकार करने के लिए कुछ प्रयास किया। राजस्थान में तत्कालीन मुख्यमंत्री भैरों सिंह शेखावत ने 'अंत्योदय कार्यक्रम' चलाया था। जयप्रकाश नारायण का 76 साल की उम्र में आठ अक्तूबर 1979 को पटना में निधन हो गया।